广东省公路学会团体标准

公路桥梁预应力混凝土管桩技术规程

Code of practice for prestressed concrete pipe piles of highway bridges

T/GDHS 008—2023

主编单位：广东省交通规划设计研究院集团股份有限公司
广东省高速公路有限公司
保利长大工程有限公司
广东省南粤交通投资建设有限公司
建华建材(中国)有限公司
广东交科检测有限公司
中国铁建港航局集团有限公司
发布机构：广东省公路学会
实施日期：2024 年 10 月 15 日

人民交通出版社
北 京

图书在版编目(CIP)数据

公路桥梁预应力混凝土管桩技术规程 / 广东省交通规划设计研究院集团股份有限公司等主编. —北京:人民交通出版社股份有限公司, 2025. 1. —ISBN 978-7-114-20210-0

Ⅰ. U448. 35-65

中国国家版本馆 CIP 数据核字第 2025A92J99 号

标准类型: 团体标准
标准名称: 公路桥梁预应力混凝土管桩技术规程
标准编号: T/GDHS 008—2023
主编单位: 广东省交通规划设计研究院集团股份有限公司
广东省高速公路有限公司
保利长大工程有限公司
广东省南粤交通投资建设有限公司
建华建材(中国)有限公司
广东交科检测有限公司
中国铁建港航局集团有限公司
责任编辑: 朱明周
责任校对: 龙　雪
责任印制: 张　凯
出版发行: 人民交通出版社
地　　址: (100011)北京市朝阳区安定门外外馆斜街 3 号
网　　址: http://www.ccpcl.com.cn
销售电话: (010)85285857
总 经 销: 人民交通出版社发行部
经　　销: 各地新华书店
印　　刷: 北京科印技术咨询服务有限公司数码印刷分部
开　　本: 880×1230　1/16
印　　张: 3.75
字　　数: 104 千
版　　次: 2025 年 1 月　第 1 版
印　　次: 2025 年 1 月　第 1 次印刷
书　　号: ISBN 978-7-114-20210-0
定　　价: 60. 00 元

目 次

前　言

本文件按照 GDHS-BZBX-01—2021《广东省公路学会标准编写规则》的规定起草。

请注意本文件的某些内容可能涉及专利。本文件的发布机构不承担识别这些专利的责任。

本文件由广东省交通规划设计研究院集团股份有限公司提出。

本文件由广东省公路学会归口。

本文件起草单位:广东省交通规划设计研究院集团股份有限公司、广东省高速公路有限公司、保利长大工程有限公司、广东省南粤交通投资建设有限公司、建华建材(中国)有限公司、广东交科检测有限公司、中国铁建港航局集团有限公司。

主编:孙向东

参加编写人员:邱志雄、黄国清、李华生、刘志峰、陈长万、邓文豪、毛永平、卢绍鸿、李烘星、宁立、刘国兴、王鹏、林文朴、蒋伟为、吴海平、王文州、高喜胜、孙洋、刘启林、郭灿

主审:李卫民

参加审查人员:陈冠雄、张钱松、胡利平、房金钱、魏立新、赵君黎、洪显诚、钟显奇、李勇、王佳胜、庄明融

本文件为首次发布。

引　言

在国外,预应力混凝土管桩至今已有近百年历史,预应力高强混凝土管桩亦有70多年历史。20世纪60年代,我国开始研制和生产预应力混凝土管桩。广东省是我国最早推广使用预应力混凝土管桩的省份之一。20世纪90年代,在广东省高等级公路桥梁上已采用了管桩基础。经过长期的发展,目前预应力混凝土管桩的生产技术和产品性能有了显著提高,在适用性、可靠性和耐久性方面有了显著提升,在公路桥梁中广泛应用的技术条件已经成熟。为了规范和引导预应力混凝土管桩在广东省公路桥梁领域的正确、合理、科学、安全应用,特制定本文件。

本文件吸收了我国近年来公路桥梁预应力混凝土管桩应用的最新成果和经验,结合公路桥梁受力特点和广东省地质特征,依托深汕西高速公路改扩建等项目开展了相关科研、试验和工程验证工作,取得了一系列新的技术成果,制定了公路桥梁专用管桩制品、勘察、设计、施工和验收等标准,提升或完善了设计理论、结构构造、施工工法和质量检验等内容,并广泛征求了公路建设与运营管理单位以及公路设计、施工、检测和科研单位的意见,经反复讨论、修改形成本文件。

请各有关单位在文件使用过程中,将发现的问题和意见及时反馈至广东省交通规划设计研究院集团股份有限公司(地址:广州市白云区黄边北路146号,邮政编码:510440),以便修订时研用。

公路桥梁预应力混凝土管桩技术规程

1 范围

本文件规定了公路桥梁预应力混凝土管桩的管桩制品、勘察、设计、施工、质量检验及验收评定程序和要求。

本文件适用于广东省新建、改扩建和维修加固公路桥梁预应力混凝土管桩基础工程。

2 规范性引用文件

下列文件中的内容通过文中的规范性引用而构成本文件必不可少的条款。其中,注日期的引用文件,仅该日期对应的版本适用于本文件;不注日期的引用文件,其最新版本(包括所有的修改单)适用于本文件。

GB 175 通用硅酸盐水泥

GB 1499.2 钢筋混凝土用钢 第2部分:热轧带肋钢筋

GB 8076 混凝土外加剂

GB 50205 钢结构工程施工质量验收标准

GB 50661 钢结构焊接规范

GB/T 700 碳素结构钢

GB/T 701 低碳钢热轧圆盘条

GB/T 1596—2017 用于水泥和混凝土中的粉煤灰

GB/T 5223.3 预应力混凝土用钢棒

GB/T 14684 建设用砂

GB/T 14685 建设用卵石、碎石

GB/T 18046—2017 用于水泥、砂浆和混凝土中的粒化高炉矿渣粉

GB/T 18736 高强高性能混凝土用矿物外加剂

GB/T 19496 钻芯检测离心高强混凝土抗压强度试验方法

GB/T 50080 普通混凝土拌合物性能试验方法标准

GB/T 50081 混凝土物理力学性能试验方法标准

GB/T 50082 普通混凝土长期性能和耐久性能试验方法标准

JC/T 540 混凝土制品用冷拔低碳钢丝

JC/T 947 先张法预应力混凝土管桩用端板

JC/T 950 预应力高强混凝土管桩用硅砂粉

JGJ 63 混凝土用水标准

JGJ/T 406 预应力混凝土管桩技术标准

JTG C20 公路工程地质勘察规范

JTG D60 公路桥涵设计通用规范

JTG F80/1 公路工程质量检验评定标准 第一册 土建工程

JTG 3362 公路钢筋混凝土及预应力混凝土桥涵设计规范

JTG 3363 公路桥涵地基与基础设计规范

JTG/T 2231-01　公路桥梁抗震设计规范
JTG/T 3310　公路工程混凝土结构耐久性设计规范
JTG/T 3512　公路工程基桩检测技术规程
JTG/T 3650　公路桥涵施工技术规范
T/CECS 253　地基基础孔内成像检测标准

3　术语和符号

3.1　术语

下列术语和定义适用于本文件。

3.1.1

PHC 管桩　prestressed high-strength concrete pipe pile

桩身混凝土强度等级不低于 C80 且主筋配筋形式只有预应力钢棒的管桩,全称为预应力高强混凝土管桩。

3.1.2

PRC 管桩　prestressed high-strength hybrid reinforcement pipe pile

桩身混凝土强度等级不低于 C80 且主筋配筋形式为预应力钢棒和普通钢筋组合布置的管桩,全称为预应力高强混合配筋管桩。

3.1.3

管桩基础　concrete pipe pile foundation

采用单根或多根管桩组成的基础。

3.1.4

锤击贯入法　hammer-driving method

利用锤击设备将管桩打至土(岩)层设计深度的沉桩施工方法。

3.1.5

静力压桩法　jacked driving method

利用静压设备将管桩压至土(岩)层设计深度的沉桩施工方法。

3.1.6

中掘法　method of dig construction

在管桩中空部插入专用钻头,边钻孔取土边将桩沉入土(岩)中的沉桩施工方法。

3.1.7

植入法　method of planting pile

预先用钻机在桩位处成孔并灌注填充料,然后锤击或振动使管桩下沉,或采用搅拌、旋喷成桩辅助将管桩植入的施工方法。

3.1.8

抱压式压桩机　pile pressing machine with cramp pressing type

在桩身侧部施加压力的液压式压桩机。

3.1.9

桩身抱压允许压桩力　allowable pressure of pile with cramp pressing

桩身允许的最大抱压力。

3.1.10

顶压式压桩机　pile pressing machine with top pressing type

在桩顶部施加压力作用的液压式压桩机。

3.1.11

桩身顶压允许压桩力　allowable pressure of pile with top pressing

桩身允许的最大顶压力。

3.1.12

填芯混凝土　filling concrete for pipe pile

填筑在管桩顶部或底部内腔一定范围的混凝土。

3.1.13

送桩　pile following

沉桩过程中,借助送桩器将桩顶沉至地面以下一定深度的施工工序。

3.1.14

桩端土塞效应　plugging effect of pipe pile

开口桩尖沉桩过程中,土体涌入管桩内的土芯固结闭塞后对桩端阻力发挥作用程度的影响效应。

3.1.15

复压　repeated pressing

静力压桩施工完成后,间隔一段时间再次施压的作业方法。

3.1.16

收锤标准　condition for stopping hammering

将桩端沉至设计要求高程时终止锤击的控制条件。

3.1.17

终压控制标准　condition for stopping pressing

将桩端沉至设计要求高程时终止压桩的控制条件。

3.1.18

锤击贯入度　hammer penetration

用落锤锤击管桩一定击数后,管桩进入土(岩)层中的深度。

3.2　符号

下列符号适用于本文件。

3.2.1　抗力和材料性能

E_c ——混凝土弹性模量;

E_s ——钢筋弹性模量;

f_{ck}、f_{cd} ——分别为混凝土轴心抗压强度标准值、设计值;

f_d ——材料强度设计值;

f_{pd} ——预应力钢棒抗拉强度设计值;

f'_{pd} ——预应力钢棒抗压强度设计值;

f_{pk} ——预应力钢棒抗拉强度标准值;

f_{sd} ——普通钢筋抗拉强度设计值;

f_{sv} ——箍筋抗拉强度设计值;

f_{tk}、f_{td} ——分别为混凝土轴心抗拉强度标准值、设计值;

q_{sia} ——与 l_i 对应的土层与桩侧摩阻力特征值;

q_{pa} ——管桩桩端阻力特征值;

R ——构件承载力设计值;

R_a ——单桩轴向受压承载力特征值;

R_{ha} ——单桩水平承载力特征值；
R_t ——单桩轴向受拉承载力特征值。

3.2.2 作用和作用效应

M_d ——弯矩设计值；
N_d ——轴向力设计值；
S ——作用效应组合的设计值；
V_d ——剪力设计值；
σ_{lt} ——在作用准永久组合下构件抗裂验算截面边缘混凝土的法向拉应力；
σ_{pc} ——管桩桩身截面混凝土有效预压应力；
σ_{p0} ——预应力钢棒合力点处混凝土法向应力等于0时的预应力钢棒应力；
σ_{st} ——在作用频遇组合下构件抗裂验算截面边缘混凝土的法向拉应力。

3.2.3 几何参数

A ——管桩截面面积；
A_d ——桩尖水平投影面积；
A_p ——全部纵向预应力钢棒的总截面面积；
A_s ——全部纵向普通钢筋的总截面面积；
A_{sv} ——单支箍筋的截面面积；
a_d ——几何参数设计值；
D_p ——纵向预应力钢棒所在圆的直径；
d、d_1 ——分别为管桩环形截面的外、内直径；
EI ——管桩桩身抗弯刚度；
e_0 ——轴向压力对截面重心的偏心距；
h ——桩入土深度；
I ——管桩截面相对中心轴的惯性矩；
I_0 ——桩身换算截面惯性矩；
l_i ——承台底面或局部冲刷线以下各土层厚度；
r、r_1 ——分别为管桩环形截面的外、内半径；
r_p ——纵向预应力钢棒所在圆的半径；
r_s ——纵向普通钢筋重心所在圆周的半径；
s_v ——箍筋间距；
s_0 ——中心轴以上截面对中心轴的面积矩；
t ——管桩壁厚；
u ——桩身周长。

3.2.4 计算系数及其他

n ——土的层数；
x_{oa} ——管桩桩顶允许水平位移；
V_x ——管桩桩顶水平位移系数；
α ——管桩的水平变形系数；
α_E ——预应力钢棒的弹性模量与管桩混凝土的弹性模量之比；
α_{E1} ——预应力钢棒的弹性模量与放张时混凝土的弹性模量之比；

α_i ——振动沉桩对各土层桩侧摩阻力的影响系数；

α_t ——纵向受拉预应力钢棒与全部纵向预应力钢棒截面面积的比值；

α_0 ——受压区混凝土截面面积与全截面面积的比值；

γ_0 ——桥梁结构重要性系数；

η ——考虑二阶弯矩影响的轴向压力偏心距增大系数；

ξ_{si} ——管桩第 i 层土（岩）的侧阻力修正系数值；

φ ——轴压构件稳定系数。

4 基本规定

4.1 预应力混凝土管桩设计，应坚持安全可靠、技术先进、经济合理、保护环境的原则。

4.2 预应力混凝土管桩设计，应根据水文、地质、地形、荷载特征、上部结构形式、施工条件和环境保护等因素，因地制宜选择合适的桩型和施工工艺。

4.3 预应力混凝土管桩为公路桥梁主体结构，其设计使用年限应按《公路桥涵设计通用规范》（JTG D60）的规定采用。

4.4 下列情况不宜采用管桩：

a） 水深大于 5m 的高桩承台基础；

b） 桩端持力层以上的覆盖层中含有较多且严重影响打桩的孤石、坚硬夹层或其他障碍物；

c） 基岩以上的覆盖层为淤泥等松软土层，其下直接为中风化岩层或微风化岩层；

d） 地下水或地基土对管桩的混凝土、钢筋及钢零部件有强腐蚀作用的岩土层，采用防腐蚀措施无法满足要求时；

e） 施工条件受限或规模较小。

条文说明

单节管桩常用长度为 9m～14m，当水深大于 5m 时，管桩接头仍位于内力较大处，受力不利。在孤石、风化球或其他障碍物多的地层施打管桩，控制不好时可能出现管桩跑位、桩身断裂等现象。基岩以上为淤泥等松软土层、其下直接为中风化岩层或微中风化岩面上只有较薄的强风化岩层，这种地质条件俗称“上软下硬、软硬突变”，沉桩过程中桩尖直接碰到坚硬的中风化岩层或微风化岩层，此时桩身反弹明显，容易出现桩头打碎、桩身断裂现象。

4.5 预应力混凝土管桩应进行如下验算：

a） 管桩基础或单桩的竖向承载能力和水平承载能力的验算；

b） 桩身结构和连接强度验算；

c） 桩身结构和连接抗裂验算；

d） 当管桩下卧层压缩较大或需考虑相邻墩沉降差时的沉降验算。

4.6 预应力混凝土管桩按承载能力极限状态和正常使用极限状态验算时，作用效应组合应按《公路桥涵设计通用规范》（JTG D60）的规定采用，并应符合下列要求：

a） 单桩竖向承载能力和水平承载能力验算应采用作用效应频遇组合和偶然组合，作用组合表达式中的频遇值系数和准永久值系数均应取 1.0，汽车荷载应计入冲击系数；

b） 桩身结构和连接强度验算应采用作用效应基本组合和偶然组合；

c） 桩身结构和连接抗裂验算应采用作用效应频遇组合和准永久组合；

d） 桩基沉降计算时，基础底面作用效应应采用准永久组合效应，考虑的永久作用不包括混凝土收缩及徐变作用、基础变位作用，可变作用仅指汽车荷载和人群荷载。

5 管桩制品

5.1 分类和规格

5.1.1 公路桥梁管桩宜选择 PHC 管桩和 PRC 管桩。PHC 管桩和 PRC 管桩按构造和配筋的不同分为Ⅰ型、Ⅱ型、Ⅲ型,其混凝土名义有效预压应力值宜分别为 6MPa、8MPa 和 10MPa。管桩桩身截面混凝土有效预压应力应按附录 A 计算。

条文说明

本文件规定的 PRC 管桩的预应力钢棒和普通钢筋全截面均匀布置,偏心受压承载能力各向相同。

5.1.2 公路桥梁管桩的外径规格宜选用 500mm、600mm、700mm、800mm、1000mm 和 1200mm,不应小于 500mm。

条文说明

根据广东省公路桥梁管桩应用调研情况,管桩主要采用 PHC 管桩和 PRC 管桩两类;管桩外径主要采用 600mm 和 1000mm;小直径预应力混凝土管桩承载力低,不宜采用。

5.1.3 桥梁管桩外径一般根据基础结构形式、受力需求、经济性和施工条件等因素综合确定,基础方案选型时可以根据表 1 初步选择管桩规格。

表 1 管桩外径对应单桩轴向受压承载力特征值 R_a 参考范围

管桩外径/mm	500	600	700	800	1000	1200
R_a/kN	1000~1500	1300~2000	1800~2300	2100~2500	2300~3500	3300~4500

5.1.4 管桩出厂时应有产品合格证,距离桩身两端 1000mm~1500mm 处应有标记。产品合格证内容应包括管桩类型、管桩型号、外径、壁厚和单节长度等。

5.1.5 公路桥梁先张法预应力混凝土管桩的代号为 GLQ-PHC。公路桥梁先张法混合配筋混凝土管桩的代号为 GLQ-PRC,管桩标记规则应符合图 1 的规定,示例 1 给出了标记的写法。

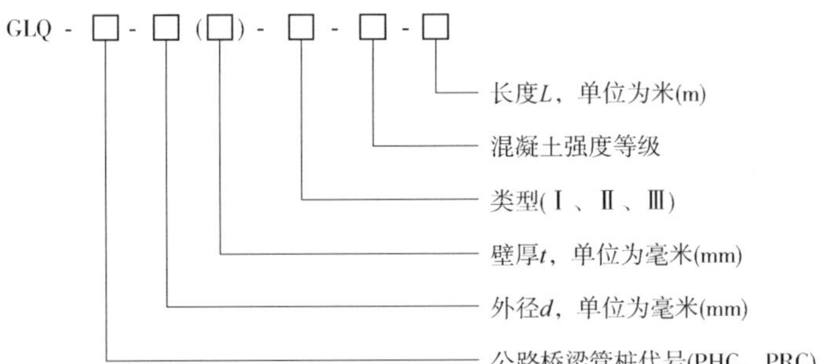

图 1 管桩标记规则示意图

示例 1:

外径 1000mm、壁厚 140mm、混凝土强度等级 C80、长度 12m 的 PHC-Ⅰ型预应力高强混凝土管桩的标记为"GLQ-PHC-1000(140)-Ⅰ型-C80-12"。

5.2 主要材料

5.2.1 原材料要求

5.2.1.1 骨料应有入厂复验报告单,其他原材料和预埋件应有生产厂家出厂合格证明书及复验报告单。

5.2.1.2 管桩用混凝土的水泥、骨料、拌和水、外加剂、掺合料等应符合以下规定:

a) 水泥应选用品质稳定的硅酸盐水泥或普通硅酸盐水泥，其质量应符合《通用硅酸盐水泥》(GB 175)的规定；

b) 细骨料应采用硬质天然砂或机制砂，其质量应符合《建设用砂》(GB/T 14684)中Ⅰ类砂的规定，不应采用海砂。天然砂的细度模数宜为2.5~3.2，机制砂的细度模数可为2.5~3.5；

c) 粗骨料应采用材质坚硬、表面清洁的碎石或破碎的卵石；粗骨料最大粒径不宜大于25mm(PHC桩)和20mm(PRC桩)，且不应超过钢筋净距的3/4，技术要求应符合《建设用卵石、碎石》(GB/T 14685)中Ⅰ类的规定；

d) 混凝土拌和及养护用水的质量应符合《混凝土用水标准》(JGJ 63)的规定；

e) 外加剂应使用高效减水剂或高性能减水剂，其质量应符合《混凝土外加剂》(GB 8076)的规定，不应使用氯盐类外加剂；

f) 掺合料宜采用硅砂粉、矿渣粉、粉煤灰或硅灰等，硅砂粉的质量应符合《预应力高强混凝土管桩用硅砂粉》(JC/T 950)的规定，矿渣粉的质量不低于《用于水泥、砂浆和混凝土中的粒化高炉矿渣粉》(GB/T 18046—2017)表1中S95级的规定，粉煤灰的质量不低于《用于水泥和混凝土中的粉煤灰》(GB/T 1596—2017)中Ⅱ级F类的有关规定，硅灰的质量应符合《高强高性能混凝土用矿物外加剂》(GB/T 18736)的规定。当采用其他品种的掺合料时，应通过试验确定。

5.2.1.3 管桩的预应力钢棒应采用预应力混凝土用钢棒，其质量应符合《预应力混凝土用钢棒》(GB/T 5223.3)中低松弛螺旋槽钢棒的规定。预应力混凝土钢棒的几何特性和力学性能应分别符合表2和表3的规定。

表2 低松弛螺旋槽钢棒(PCB-L-HG)的几何特性

公称直径/mm	基本直径及允许偏差/mm	公称横截面面积/mm^2	理论质量/(kg/m)
10.7	11.10±0.20	90.0	0.707
12.6	13.10±0.20	125.0	0.981
14.0	14.15±0.25	154.0	1.209

表3 低松弛螺旋槽钢棒(PCB-L-HG)的力学性能

规定非比例延伸强度	抗拉强度标准值	抗拉强度设计值	抗压强度设计值	断后伸长率	弹性模量	1000h 松弛值
≥1280MPa	≥1420MPa	960MPa	400MPa	≥7%	2.0×10^5MPa	≤2.0%

5.2.1.4 管桩用螺旋筋应采用低碳钢热轧圆盘条或混凝土制品用低碳冷拔钢丝，其质量应分别符合《低碳钢热轧圆盘条》(GB/T 701)或《混凝土制品用冷拔低碳钢丝》(JC/T 540)的规定。

5.2.1.5 管桩端部锚固钢筋应采用热轧带肋钢筋，其质量应符合《钢筋混凝土用钢 第2部分：热轧带肋钢筋》(GB 1499.2)的规定。

5.2.1.6 桩套箍应选用Q235B钢材，其性能应符合《碳素结构钢》(GB/T 700)的规定。桩套箍长度应不小于350mm，桩套箍钢板厚度不应小于6mm(直径D600及以下管桩)或8mm(直径D700及以上管桩)。

5.2.1.7 管桩端板和桩尖应采用Q235B钢，端板制造不宜采用铸造工艺，其性能应符合《碳素结构钢》(GB/T 700)的规定。端板厚度不应小于表4的规定，且性能应符合《先张法预应力混凝土管桩用端板》(JC/T 947)的规定。桩尖的钢板厚度不宜小于18mm。

表4 端板最小厚度

单位为毫米

钢棒直径	10.7	12.6	14.0
端板最小厚度	24	28	30

5.2.2 混凝土

5.2.2.1 混凝土的原材料和配合比参数应根据混凝土结构的设计使用年限、环境类别、环境作用等级和生产工艺确定。对于有特殊要求及防腐、冻融环境下的管桩，应对其原材料、配合比和生产工艺等相关技术进行控制，并符合设计要求。

5.2.2.2 采用开模布料时混凝土坍落度不应大于 100mm，采用泵送喂料时混凝土坍落度不应大于 220mm。

5.2.2.3 混凝土强度标准值和设计值应按表 5 采用。

表 5 混凝土强度标准值和设计值

单位为兆帕

强度等级	轴心抗压强度标准值 f_{ck}	轴心抗拉强度标准值 f_{tk}	轴心抗压强度设计值 f_{cd}	轴心抗拉强度设计值 f_{td}
C80	50.2	3.10	34.6	2.14
C100	60.9	3.57	42.0	2.46

条文说明

结合目前国内管桩生产技术和实际应用，本文件管桩制品的混凝土强度等级推荐采用 C80。

5.2.2.4 混凝土受压或受拉时的弹性模量 E_c 宜按表 6 采用。当有可靠试验依据时，E_c 可按实测数据确定。

表 6 混凝土的弹性模量

强度等级	弹性模量 E_c/MPa
C80	3.80×10^4
C100	3.93×10^4
注：混凝土的剪变模量 G_c 可按弹性模量 E_c 的 0.4 倍采用，混凝土的泊松比 υ_c 可采用 0.2。	

5.2.2.5 管桩的填芯混凝土宜采用微膨胀混凝土，其强度等级应比承台提高一个等级，且不应低于 C35。

5.3 结构和性能

5.3.1 PHC 管桩的结构形式如图 2 所示，其桩身配筋和力学性能指标应符合附录 B 的规定。

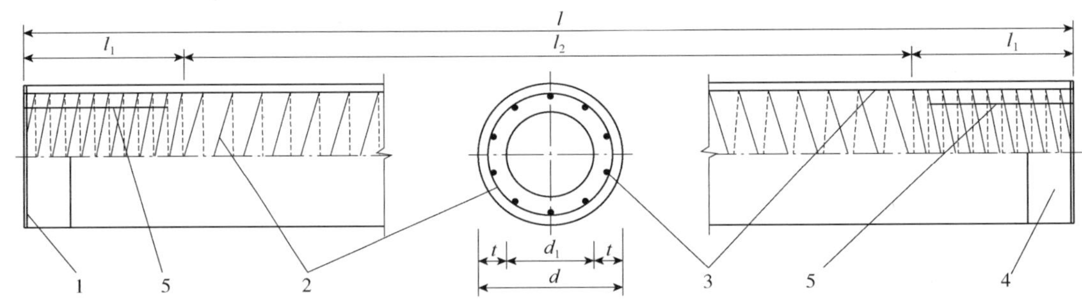

标引序号说明：

1——端板；
4——桩套箍钢板；
l——桩长；
l_1——桩端加密区长度；
2——螺旋筋；
5——端部锚固钢筋；
d——管桩外径；
l_2——非加密区长度。
3——预应力钢棒；
t——壁厚；
d_1——管桩内径；

图 2 PHC 管桩的结构形式

5.3.2 PRC 管桩的结构形式如图 3 所示,其桩身配筋和力学性能指标应符合附录 B 的规定。

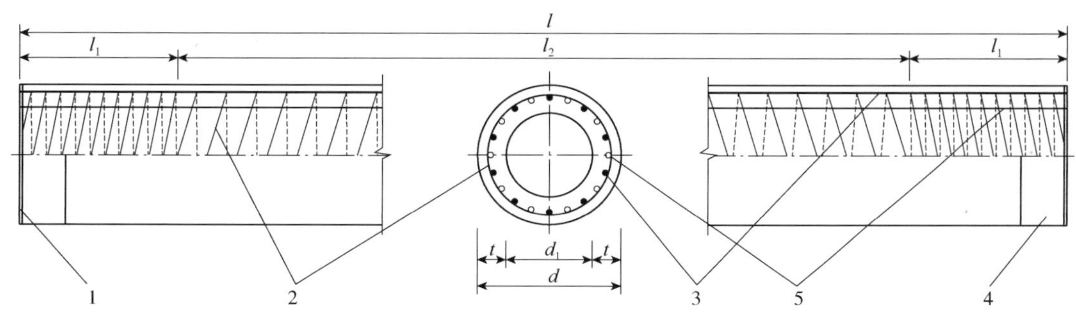

标引序号说明:

1——端板; 4——桩套箍钢板; l——桩长; l_1——桩端加密区长度;
2——螺旋筋; 5——普通钢筋; d——管桩外径; l_2——非加密区长度。
3——预应力钢棒; t——壁厚; d_1——管桩内径;

图 3 PRC 管桩的结构形式

5.3.3 管桩的壁厚应符合表 7 的规定。

表 7 管桩壁厚表

管桩外径 d/mm	壁厚 t/mm
500	130
600	130
700	140
800、1000	140
1200	160

条文说明

根据公路桥梁管桩的受力特征和构造要求,管桩壁厚在《先张法预应力混凝土管桩》(GB 13476)的基础上适当加厚。

5.3.4 PHC 管桩和 PRC 管桩两端螺旋筋加密区长度不应小于 2000mm,加密区螺旋筋的螺距应为 45mm,其余部分螺旋筋的螺距应为 80mm;管桩螺旋筋的直径应符合表 8 的规定。

表 8 管桩螺旋筋的直径

管桩外径 d/mm	管桩型号	螺旋筋直径 d_v/mm
500、600	Ⅰ、Ⅱ	5
	Ⅲ	6
700、800、1000	Ⅰ、Ⅱ	6
	Ⅲ	8
1200	Ⅰ、Ⅱ	8
	Ⅲ	10

5.3.5 对于承受较大水平荷载或地震高烈度区的管桩,设计人员可根据相关规范的规定,对本文件推荐桩型管桩采用的壁厚、箍筋直径、螺距及箍筋加密区长度等作适当调整,并向生产厂家定制满足抗震构造措施和实际工程需要的管桩。

5.3.6 PRC 管桩可不设端部锚固钢筋;PHC 管桩应设端部锚固钢筋,长度宜为 2000mm,钢筋直径和数量宜与对应 PRC 管桩型号的纵向普通钢筋一致。

5.4 管桩的选用

5.4.1 应结合工程地质、荷载特征、施工技术条件与环境等因素选用合适的管桩规格和型号,满足设计和施工要求。

5.4.2 对于由多节拼接组成的管桩,可根据沿桩身受力大小选用相同桩径、不同型号的 PHC 和 PRC 组合桩。

5.4.3 当抗震设防烈度为Ⅷ度及以上时,宜选用 PRC 管桩,或根据沿桩身受力大小选用 PHC 和 PRC 组合桩。

5.4.4 设计结构安全等级较高或工程地质条件较复杂或复杂的桥位,宜选用Ⅱ型、Ⅲ型 PHC 管桩或 PRC 管桩。

5.4.5 覆盖层上部为淤泥等松软土层,其下直接为砾石、卵石或强风化岩的地层,宜选用Ⅱ型、Ⅲ型 PHC 管桩或 PRC 管桩。

条文说明

遇由软至硬突变土层,在沉桩过程中锤击拉应力相对较大,Ⅰ型管桩相对有效预压应力较小,不利于控制抗裂性能。

5.4.6 承受水平荷载为主的管桩基础,宜选用 PRC 管桩或Ⅱ型、Ⅲ型 PHC 管桩。

6 勘察

6.1 勘察要求

6.1.1 初步勘察阶段,特大桥、大桥和中桥的钻孔数量应按表 9 确定。每座小桥的钻孔数量应不少于 1 个。

表 9 初步勘察阶段桥位钻孔数量表

桥梁类型	工程地质条件简单	工程地质条件较复杂或复杂
中桥	2~3	3~4
大桥	3~5	5~8
特大桥	≥7	≥9

6.1.2 详细勘察阶段,桥位钻孔布设原则上每个墩(台)应不少于 1 个。遇有断层带、软弱夹层等不良地质或工程地质条件复杂时,应根据现场地质条件及基础设计要求确定每个墩台的钻孔数量。

6.1.3 勘探深度应符合《公路工程地质勘察规范》(JTG C20)的规定且勘探深度应至桩端持力层以下 3m~5m;地层变化复杂的桥位,应布置加深控制性钻孔,探明桥位地质情况。

6.1.4 对于管桩基础持力层及桩身穿越的各地层,应根据土的类别进行静力触探、标准贯入试验、重型圆锥动力触探或超重型圆锥动力触探等原位测试。测试深度应符合 6.1.3 的规定,并应符合下列要求:

a) 对桩长范围内的各主要岩土层进行测试;

b) 遇中密~密实砂层、硬塑~坚硬黏性土层、残积土层及全风化岩层时,宜沿深度方向每 2m 测试一次;

c) 对预计作为桩端持力层的岩土层,沿深度方向每 1m 测试一次。

6.1.5 对于遇水软化的持力层岩层,应进行软化试验,并提出防软化措施建议。

6.2 勘察报告

6.2.1 勘察报告应按《公路工程地质勘察规范》(JTG C20)的规定编制,并应符合下列要求:

a) 初步勘察阶段应对管桩基础适用性进行评价和建议,提出持力层选择等建议;

b) 详细勘察阶段报告应包括下列内容:

1) 场地及其周边的高压架空线、地下管线和地下构筑物等分布及影响描述;

2) 场地及其周边的不良地质现象,如花岗岩球状风化、坚硬夹层、岩溶、土洞、构造断裂等,应提供分布情况及影响描述;

3) 应对场地地表水、地下水和地基土对管桩及金属连接件腐蚀性进行评价;

4) 当桩端持力层为残积土、软岩或非饱和黏性土时,应对持力层遇水软化的影响进行评价;

5) 静压和锤击沉桩设备对表土层承载力有较高要求,应查明表层土的地基承载力;

6) 对饱和软土场地,应分析沉桩引起的超孔隙水压力及其影响,并提出可行的措施建议;

7) 对管桩挤土效应和沉桩可行性进行评价。

7 设计

7.1 一般规定

7.1.1 按承载能力极限状态验算时,桥梁管桩的结构设计安全等级及其结构重要性系数应按《公路桥涵设计通用规范》(JTG D60)的规定采用。

7.1.2 预应力混凝土管桩宜按弹性桩计算,桩基水平位移及作用效应可按《公路桥涵地基与基础设计规范》(JTG 3363)计算确定。

7.1.3 当预应力混凝土管桩的轴向力由结构自重、预加力、土重、土侧压力、汽车荷载和人群荷载的频遇组合引起时,管桩不应受拉;当桩的轴向力由上述荷载并与其他可变作用、偶然作用的频遇组合或偶然组合引起时,管桩可受拉。

7.1.4 预应力混凝土管桩承载性状为摩擦型桩时,其长径比不宜大于80;承载性状为端承型桩时,其长径比不宜大于60;当管桩穿越厚度较大的淤泥及淤泥质土或可液化土层时,应分析桩身稳定性及其对承载力的影响。

7.1.5 预应力混凝土管桩基础水平力作用效应较大时,可采用斜桩设计,斜桩倾角宜在7°~10°范围内。

7.1.6 预应力混凝土管桩的抗震设计应按《公路桥梁抗震设计规范》(JTG/T 2231-01)的规定执行。

7.1.7 管桩基础应考虑成桩方法对承载力特征值的影响,应通过不同成桩方法的试桩确定设计参数、施工方案和控制原则等。

条文说明

广东省的地质相对复杂,且公路为带状分布,地质变化大,单一的施工方法难以解决全桥段的管桩施工问题,需要在不同的地质条件下采用不同的施工工艺进行试桩或者试打桩,必要时可能选择引孔、植桩或者中掘法等施工方法。不同的施工工艺条件下得出的单桩承载力特征值无疑会有差距,故设计时需要结合成桩方法估算或者确定单桩承载力特征值。

7.2 布置

7.2.1 管桩的布置和中距应符合下列要求:

a) 桩端处的中距不应小于桩径的3倍,对软土地基宜适当增大;

b) 边桩或角桩外侧与承台边缘的距离,桩直径不大于1m时,不应小于0.5倍桩径;桩直径大于1m时,不应小于0.3倍桩径且不应小于500mm;

c） 群桩的布置应采用对称形、梅花形或环形。

7.2.2 管桩的布设应符合下列要求：

a） 上部结构连续的同一桥墩，不宜采用直径不同的管桩基础，不宜同时采用摩擦型桩和端承型桩；

b） 同一桥墩的管桩基础桩端宜处于同一土层，且桩端高程宜相近；当桩端进入不同土层时，锤击法沉桩的各桩最终沉桩贯入度宜相近，静压法沉桩的各桩终压力值宜相近。

7.2.3 管桩的桩端持力层设计应符合下列要求：

a） 宜选择强风化岩、全风化岩、中风化软岩、碎石土、中或低压缩土层等岩土层作为桩端持力层；

b） 确定沉桩进入硬土层的深度时，应根据类似工程经验分析施工的可操作性，无类似工程经验时应通过试桩确定；

c） 不包括桩尖部分的桩端全截面进入持力层的深度宜满足表 10 的规定；

d） 当存在软弱下卧层时，桩端以下持力层厚度不宜小于管桩直径的 4 倍，并应进行软弱下卧层承载力和沉降验算。

表 10 桩端持力层深度要求

桩端持力层地层类型	桩端最小持力层深度
黏性土、粉土、砂土	3.0d，且不小于 2.5m
全风化岩石、强风化软岩	1.5d
碎石土、强风化岩石、中风化软岩	1.0d
注：d 为管桩外直径。	

7.3 构造

7.3.1 管桩基础一般构造示例见图 4，管桩基础最短桩长不宜小于 9m。

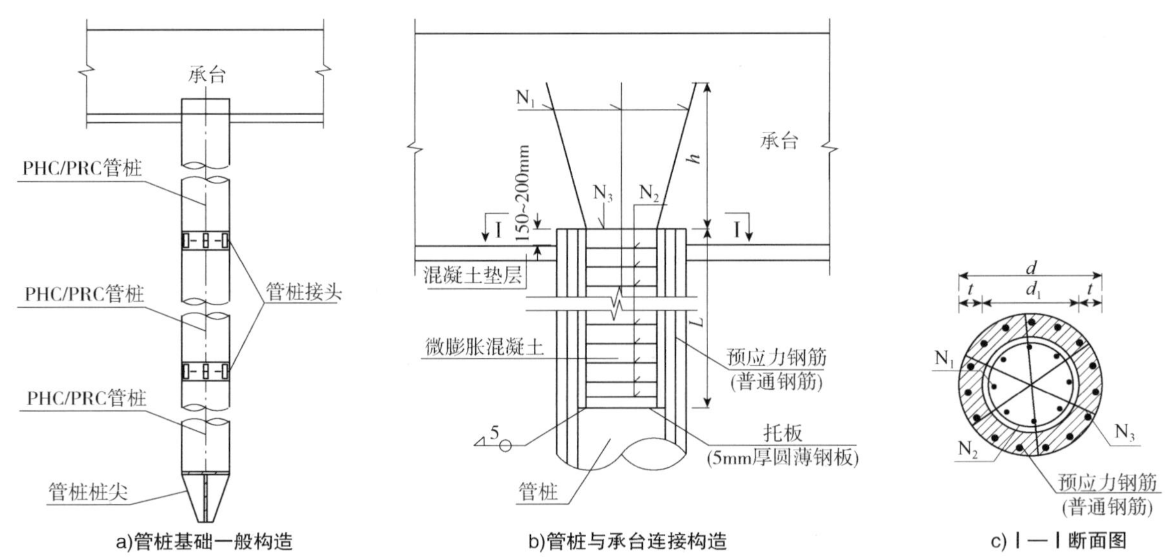

标引序号说明：

h——伸入承台的纵向钢筋高度； d——管桩外径； t——管桩壁厚； N_2——填芯段箍筋；

L——填芯混凝土深度； d_1——管桩内径； N_1——伸入承台的纵向钢筋； N_3——钢筋笼支架筋。

图 4 管桩基础一般构造和连接构造图

7.3.2 管桩与承台的连接构造宜按图4所示进行设计，并应符合下列要求：

a）伸入承台的纵向钢筋数量不应少于6根，单根钢筋直径不应小于16mm，对应长度不宜小于35倍钢筋直径，伸入管桩内的长度应与填芯混凝土深度相同且不应小于2m；

b）管桩桩身嵌入承台内的深度不宜小于150mm，伸入承台内的纵向钢筋可做成喇叭形（与竖直线夹角宜为15°）。

7.3.3 管桩的接头应符合下列要求：

a）任一桩基的接头数量不宜超过3个；

b）管桩的接头应根据桩径采用机械接头或端板围焊与桩周帮焊的组合形式，接头强度不应低于桩身强度；管桩帮焊接头如图5所示，接头钢板数量对于桩径D700或以下管桩不应少于4片，对于桩径D800或以上管桩不应少于6片；接头钢板长度、宽度和厚度分别不宜小于300mm、150mm、10mm，并应满足受力要求；

c）当抗震设防烈度为Ⅶ度及以上时，管桩的接头应设置在非液化土层中，且应位于最大冲刷线以下不小于4倍桩径。

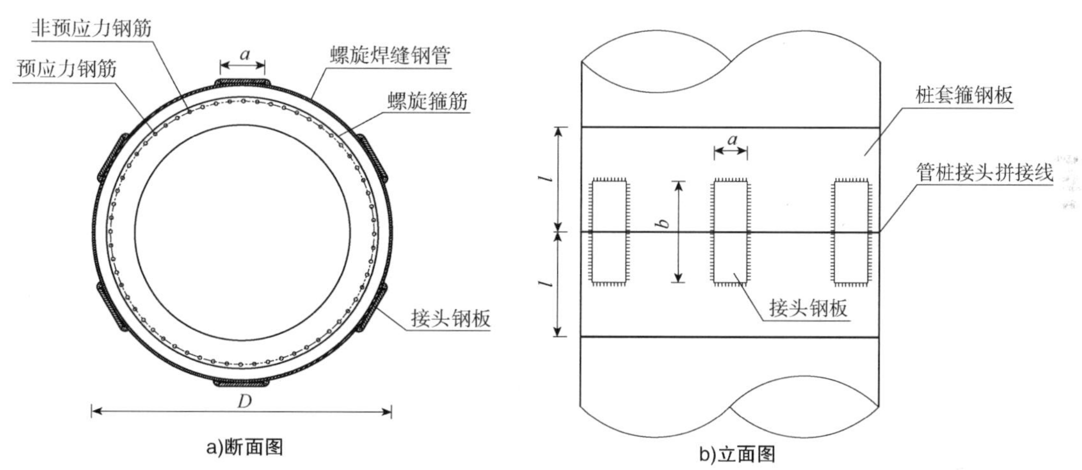

标引序号说明：

D——管桩外径；　*a*——接头钢板宽度；

l——桩套箍钢板长度；　*b*——接头钢板长度。

图5　管桩桩周帮焊示意图

条文说明

桥梁管桩接头采用组合形式，主要目的为保证接头可靠度和质量。当管桩桩径小于或等于D700时，采用机械接头与桩周帮焊的组合形式；当桩径大于D700时，考虑到管桩吊装重量较大、机械接头对接实施困难，采用端板围焊与桩周帮焊的组合形式。

7.3.4 管桩的桩尖应符合下列要求：

a）管桩宜采用闭口型钢桩尖，宜结合土层性质、沉降控制、沉桩工艺和和挤土效应程度等选择平底形十字形或尖底十字形闭口桩尖，可参考《锤击式预应力混凝土管桩工程技术规程》（DBJ/T 15-22）选用桩尖；

b）环境类别为Ⅲ～Ⅳ类或桩端位于遇水易软化的风化岩层时，应采用闭口型钢桩尖；

c）桩尖焊缝应连续饱满、不渗水，且在首节桩沉桩后立即在桩端灌注高度不小于1.5m的微膨胀混凝土或中粗砂拌制的水泥砂浆封底，混凝土强度等级不宜低于C25，水泥砂浆强度等级不宜低于M15。

条文说明

闭口管桩控制沉降性能优于开口管桩。开口管桩沉桩过程中部分土体进入管内，土体挤密压缩，成桩后的休止期内,进入管内的土体逐渐往桩端土和管腔方向上产生应力释放,降低了对管壁的摩阻力,导致控制沉降性能下降。

7.4 单桩轴向承载力

7.4.1 单桩轴向受压承载力特征值

单桩轴向受压承载力特征值宜通过静载试验确定,试验数量应满足设计要求,且不应少于 3 根。锤击、静压法沉桩可按下列公式估算:

$$R_a = \sum_{i=1}^{n} \xi_{si} u l_i q_{sia} + A_d q_{pa} \quad \cdots\cdots (1)$$

式中:

R_a ——单桩轴向受压承载力特征值(kN)。桩身自重与置换土重(当自重计入浮力时,置换土重也计入浮力)的差值计入作用效应;

u ——桩身周长(m);

n ——土的层数;

q_{sia} ——与 l_i 对应的各土层与桩侧的摩阻力特征值(kPa),可由静载试验结果分析得到,估算时可按表 11 选用;

q_{pa} ——管桩桩端阻力特征值(kPa),可由静载试验结果分析得到,估算时可按表 12 选用;

l_i ——承台底面或局部冲刷线以下第 i 层土的厚度(m);

A_d ——桩尖水平投影面积(m^2);

ξ_{si} ——管桩第 i 层土(岩)的侧阻力修正系数值,可按表 13 取值。

表 11 管桩侧摩阻力特征值的经验值 q_{sia}

土(岩)的名称	土(岩)的状态	桩侧摩阻力特征值 q_{sia}/kPa
填土	—	10~14
淤泥	—	6~9
淤泥质土	—	10~14
黏性土	$I_L>1$(流塑)	10~18
	$0.75<I_L\leqslant 1$(软塑)	18~25
	$0.50<I_L\leqslant 0.75$(可塑)	25~33
	$0.25<I_L\leqslant 0.5$(硬可塑)	33~41
	$0<I_L\leqslant 0.25$(硬塑)	41~45
	$I_L\leqslant 0$(坚硬)	45~50
粉土	稍密	11~22
	中密	22~32
	密实	32~43
粉细砂	稍密	11~21
	中密	21~32
	密实	32~43
中砂	中密	27~37
	密实	37~47

表 11 管桩侧摩阻力特征值的经验值 q_{sia}(续)

土(岩)的名称	土(岩)的状态	桩侧摩阻力特征值 q_{sia}/kPa
粗砂	中密	37~47
	密实	47~58
砾砂	中密、密实	58~69
圆砾、角砾	中密、密实	80~100
碎石、卵石	中密、密实	100~150
全风化软质岩	$30 \leq N' < 50$	50~60
全风化硬质岩	$30 \leq N' < 50$	70~80
强风化软质岩	$N' \geq 50$	80~120
强风化硬质岩	$N' \geq 50$	90~120
全风化花岗岩	$40 \leq N' < 70$	80~120
强风化花岗岩	$N' \geq 70$	—

注 1:对于尚未完成自重固结的土类,不计算其侧摩阻力。

注 2:I_L 为土的液性指数。

注 3:N'为实测标准贯入试验击数。

注 4:软质岩可取中~低值,硬质岩可取中~高值。

表 12 管桩端阻力特征值的经验值 q_{pa}

土(岩)名称	土(岩)的状态	管桩端阻力特征值的经验值 q_{pa}/kPa			
		$h \leq 9$m	9m$<h \leq$16m	16m$<h \leq$30m	$h>$30m
黏性土	$0.25 < I_L \leq 0.50$	700~1100	1000~1500	1400~1800	1600~2200
	$I_L \leq 0.25$	1200~2000	1900~2600	2600~3000	3000~3500
粉土	中密、密实	700~1200	1000~1500	1400~2000	1800~2500
粉砂	中密、密实	700~1100	1100~1500	1500~2500	1900~3500
细砂	中密、密实	1500~2500	2000~3000	2500~3500	3000~4500
中砂	中密、密实	2500~3500	3000~4000	3500~4500	4000~5500
粗砂	中密、密实	3000~4500	4000~5000	4500~6000	5000~7000
角砾、圆砾	中密、密实	3500~6000		5000~7500	
碎石、卵石	中密、密实	4500~6500		6000~8000	
全风化软质岩	$30 \leq N' < 50$	2000~3000		3000~4500	
全风化硬质岩	$30 \leq N' < 50$	2500~3500		3500~5000	
强风化软质岩	$N' \geq 50$	3000~4500		3500~5000	
强风化硬质岩	$N' \geq 50$	3500~5500		4000~7000	
全风化花岗岩	$40 \leq N' < 70$	3500~4500		4000~6000	
强风化花岗岩	$N' \geq 70$	4500~6000		6000~8000	

注 1:h 为桩入土深度。

注 2:I_L 为土的液性指数。

注 3:N'为实测标准贯入试验击数;N'越大,q_{pa}取值越大。

注 4:打入桩取中高值。

表 13 桩侧阻力修正系数表

土层埋深 h_i/m	$h_i \leqslant 5$	$5<h_i \leqslant 16$	$16<h_i \leqslant 30$	$h_i>30$
修正系数 ξ_{si}	0.8	1.0	1.1	1.2
注:本表数值适用于锤击法沉桩;对引孔法沉桩尚应考虑桩侧力折减系数影响,当无试验数据时,折减系数可取0.7~1.0。				

条文说明

本公式根据地基土的物理指标与承载力参数之间的经验关系估算单桩轴向受压承载力特征值,可作为设计阶段的估算值,宜经过试验桩或试打桩验证调整。本公式由桩侧总摩阻力特征值和桩端总阻力特征值组成,适用于闭口管桩。当采用开口管桩时,应考虑桩端土塞效应系数影响。开口管桩沉桩过程中会有部分土进入管内,进入管内的土柱由不完全闭塞逐步挤压成完全闭塞状态,部分挤土效应是随闭塞效应同步发展的。

7.4.2 单桩轴向受拉承载力特征值

单桩轴向受拉承载力特征值宜通过静载试验确定,试验数量应满足设计要求,且不应少于 3 根。锤击、静压法沉桩可按下列公式估算:

$$R_t = 0.6\sum_{i=1}^{n}\xi_{si}ul_iq_{sia} \qquad \cdots\cdots(2)$$

式中:

R_t——单桩轴向受拉承载力特征值(kN);

u——桩身周长(m)。

7.5 单桩水平承载力

单桩水平承载力特征值宜通过静载试验确定,试验数量应满足设计要求,且不应少于 3 根。当管桩的水平承载力由水平位移控制且缺少单桩水平荷载试验资料时,可采用下列公式估算桩基单桩水平承载力特征值:

$$R_{ha}=0.75\frac{\alpha^3EI}{V_x}x_{oa} \qquad \cdots\cdots(3)$$

$$EI=0.8E_cI_0 \qquad \cdots\cdots(4)$$

$$I_0=\frac{\pi}{4}(r^4-r_1^4)+(\alpha_E-1)A_p\frac{r_p^2}{2} \qquad \cdots\cdots(5)$$

式中:

R_{ha}——单桩水平承载力特征值(N);

α——管桩的水平变形系数(m^{-1}),按照《公路桥涵地基与基础设计规范》(JTG 3363)附录 L 计算;

EI——管桩桩身抗弯刚度($N \cdot m^2$)。

E_c——桩身混凝土弹性模量(Pa);

x_{oa}——管桩桩顶允许水平位移(m);

V_x——管桩桩顶水平位移系数,按表 14 取值;

I_0——桩身换算截面惯性矩(m^4);

r、r_1——分别为管桩环形截面的外、内半径(mm);

α_E——预应力钢棒的弹性模量与管桩混凝土的弹性模量之比;

A_p ——全部纵向预应力钢棒的总截面面积(m^2);

r_p ——纵向预应力钢棒所在圆的直径(m)。

表 14　桩顶水平位移系数 V_x

桩顶约束情况	桩的换算深度(αh)/m	V_x
铰接	4.0	2.441
	3.5	2.502
	3.0	2.727
	2.8	2.905
	2.6	3.163
	2.4	3.526
刚接	4.0	0.940
	3.5	0.970
	3.0	1.028
	2.8	1.055
	2.6	1.097
	2.4	1.095

条文说明

管桩的水平承载力由桩身强度或桩侧土的水平承载力确定。目前在公路桥涵地基基础规范中尚无桩基础水平承载力方面的计算方法。本公式参照《预应力混凝土管桩技术标准》(JGJ/T 406—2017)的有关规定推导。

管桩基础的单桩水平承载力特征值与管桩的规格型号、桩周土质条件、桩顶水平位移允许值和桩顶嵌固情况等因素有关,采用现场单桩水平荷载试验时可参考《公路工程基桩检测技术规程》(JTG/T 3512)执行。

7.6　持久状况承载能力极限状态计算

7.6.1　管桩桩身结构及其连接的承载能力极限状态计算应采用下列公式:

$$\gamma_0 S \leqslant R \qquad \cdots\cdots(6)$$

$$R = R(f_d, a_d) \qquad \cdots\cdots(7)$$

式中:

γ_0 ——桥梁结构重要性系数;

S ——作用效应组合的设计值,应按《公路桥涵设计通用规范》(JTG D60)的规定,对持久设计状况应按照作用基本组合计算;

R ——构件承载力设计值;

$R(\cdot)$ ——构件承载力函数;

f_d ——材料强度设计值,应按《公路钢筋混凝土及预应力混凝土桥涵设计规范》(JTG 3362)的规定取值;

a_d ——几何参数设计值。

7.6.2　受弯构件正截面抗弯可按下列公式验算:

PHC 管桩桩身正截面受弯承载力验算:

$$\gamma_0 M_d \leqslant f_{cd} A(r_1+r)\frac{\sin\pi\alpha_0}{2\pi}+f'_{pd}A_p r_p\frac{\sin\pi\alpha_0}{\pi}+(f_{pd}-\sigma_{p0})A_p r_p\frac{\sin\pi\alpha_t}{\pi} \tag{8}$$

$$\alpha_0=\frac{0.55\sigma_{p0}A_p+0.45f_{pd}A_p}{f_{cd}A+f'_{pd}A_p+0.45(f_{pd}-\sigma_{p0})A_p} \tag{9}$$

$$\alpha_t=0.45(1-\alpha_0) \tag{10}$$

PRC 管桩桩身正截面受弯承载力验算：

$$\gamma_0 M_d \leqslant f_{cd} A(r_1+r)\frac{\sin\pi\alpha_0}{2\pi}+f'_{pd}A_p r_p\frac{\sin\pi\alpha_0}{\pi}+(f_{pd}-\sigma_{p0})A_p r_p\frac{\sin\pi\alpha_t}{\pi}+ f_{sd}A_s r_s\left(\frac{\sin\pi\alpha_0+\sin\pi\alpha_t}{\pi}\right) \tag{11}$$

$$\alpha_0=\frac{f_{pd}A_p+f_{sd}A_s}{f_{cd}A+f'_{pd}A_p+1.5(f_{pd}-\sigma_{p0})A_p+2.5f_{sd}A_s} \tag{12}$$

$$\alpha_t=1-1.5\alpha_0 \tag{13}$$

式中：

γ_0 ——桥梁结构重要性系数；

M_d ——弯矩设计值（kN · m）；

A ——管桩截面面积（mm^2）；

A_p ——全部纵向预应力钢棒的总截面面积（mm^2）；

A_s ——全部纵向普通钢筋的总截面面积（mm^2）；

r、r_1 ——分别为管桩环形截面的外、内半径（mm）；

r_p ——纵向预应力钢棒所在圆的半径（mm）；

r_s ——纵向普通钢筋重心所在的圆周的半径（mm）；

f_{cd} ——混凝土轴心抗压强度设计值（MPa）；

f_{pd} ——预应力钢棒抗拉强度设计值（MPa）；

f'_{pd} ——预应力钢棒抗压强度设计值（MPa）；

f_{sd} ——普通钢筋抗拉强度设计值（MPa）；

α_0 ——受压区混凝土截面面积与全截面面积的比值；

α_t ——纵向受拉预应力钢棒与全部纵向预应力钢棒截面面积的比值；当 α_0 大于 2/3 时，取 α_t 为 0；

σ_{p0} ——预应力钢棒合力点处混凝土法向应力等于零时的预应力钢棒应力（MPa）。

7.6.3 管桩的抗剪截面应符合下列要求：

$$\gamma_0 V_d \leqslant 0.12\beta_c f_{cd}(d^2-d_1^2) \tag{14}$$

式中：

V_d——剪力设计值（N）；

β_c——混凝土强度影响系数；混凝土强度等级为 C80 时，β_c 取 0.8。

7.6.4 管桩桩身斜截面受剪承载力可按下列公式验算：

$$\gamma_0 V_d \leqslant \frac{0.7tI}{S_0}\sqrt{(\sigma_{pc}+2f_{td})^2-\sigma_{pc}^2}+\frac{\pi}{2}f_{sv}A_{sv}\sin\theta\frac{d}{s_v} \tag{15}$$

$$I=\frac{\pi}{64}(d^4-d_1^4) \tag{16}$$

$$S_0=\frac{1}{12}(d^3-d_1^3) \tag{17}$$

式中：

V_d ——剪力设计值(kN)；

t ——管桩壁厚(mm)；

I ——管桩截面相对中心轴的惯性矩(mm)；

S_0 ——中心轴以上截面对中心轴的面积矩(mm^3)；

d、d_1 ——分别为管桩环形截面的外、内直径(mm)；

σ_{pc} ——管桩桩身截面混凝土有效预压应力(MPa)；

f_{td} ——管桩混凝土的轴心抗拉强度设计值(MPa)；

f_{sv} ——箍筋抗拉强度设计值(MPa)；

A_{sv} ——单支箍筋的截面面积(mm)；

θ ——螺旋斜向箍筋与纵轴夹角(°)；

s_v ——箍筋间距(mm)。

条文说明

本公式适用于受弯构件和偏心受压构件管桩的桩身斜截面受剪承载力验算，公式不考虑轴向压力对截面抗剪的有利影响。

7.6.5 管桩桩身轴心受拉承载力可按下列公式验算：

$$\gamma_0 N_d \leqslant 0.85 f_{pd} A_p \qquad (18)$$

式中：

N_d——轴向力设计值(kN)；

f_{pd}——预应力钢棒抗拉强度设计值(MPa)；

A_p——全部纵向预应力钢棒的总截面面积(mm^2)。

7.6.6 管桩桩身轴心受压承载力可按下列公式验算：

不考虑管桩压屈影响时，桩身轴心受压承载力应符合下列要求：

$$\gamma_0 N_d \leqslant 0.7 f_{cd} A \qquad (19)$$

式中：

N_d——轴向力设计值(kN)；

f_{cd}——混凝土轴心抗压强度设计值(MPa)；

A ——管桩截面面积(mm^2)。

桩身穿越可液化土或不排水抗剪强度小于 10kPa 的软弱土层的基桩，应考虑压屈影响，桩身轴心受压承载力应符合下列要求：

$$\gamma_0 N_d \leqslant 0.7 \varphi f_{cd} A \qquad (20)$$

式中：

φ——轴压构件稳定系数，按《公路钢筋混凝土及预应力混凝土桥涵设计规范》(JTG 3362)相关条文计算。

7.6.7 管桩桩身偏心受压承载力按如下公式验算：

a) PHC 管桩桩身偏心受压承载力验算：

$$\gamma_0 N_d \leqslant \alpha_0 f_{cd} A - \sigma_{p0} A_p + \alpha_0 f'_{pd} A_p - \alpha_t (f_{pd} - \sigma_{p0}) A_p \qquad (21)$$

$$\gamma_0 N_d \eta e_0 \leqslant f_{cd} A (r_1 + r) \frac{\sin\pi\alpha_0}{2\pi} + f'_{pd} A_p r_p \frac{\sin\pi\alpha_0}{\pi} + (f_{pd} - \sigma_{p0}) A_p r_p \frac{\sin\pi\alpha_t}{\pi} \qquad (22)$$

$$\alpha_t = 0.45(1 - \alpha_0) \qquad (23)$$

条文说明

计算管桩桩身偏心受压正截面受压承载力时，不考虑偏心距的增大影响，取 $\eta = 1$。对于桩身穿越可液化土或不排水抗剪强度小于10kPa的软弱土层的基桩，考虑桩身在弯矩作用平面内的挠曲对轴向力偏心距的影响。

b） PRC管桩桩身偏心受压承载力验算：

$$\gamma_0 N_d \leqslant \alpha_0 f_{cd} A - \sigma_{p0} A_p + \alpha_0 f'_{pd} A_p - \alpha_t (f_{pd} - \sigma_{p0}) A_p + (\alpha_0 - \alpha_t) f_{sd} A_s \quad (24)$$

$$\gamma_0 N_d \eta e_0 \leqslant f_{cd} A (r_1 + r) \frac{\sin\pi\alpha_0}{2\pi} + f'_{pd} A_p r_p \frac{\sin\pi\alpha_0}{\pi} + (f_{pd} - \sigma_{p0}) A_p r_p \frac{\sin\pi\alpha_t}{\pi} + f_{sd} A_s r_s \left(\frac{\sin\pi\alpha_0 + \sin\pi\alpha_t}{\pi}\right) \quad (25)$$

$$\alpha_t = 1 - 1.5\alpha_0 \quad (26)$$

$$e_0 = N_d / M_d \quad (27)$$

式中：

N_d ——轴向力设计值（kN）；

M_d ——相应于轴向压力的弯矩设计值（kN · m）；

e_0 ——轴向压力对截面重心轴的偏心距（mm）；

η ——考虑二阶弯矩影响的轴向压力偏心距增大系数；

α_t ——纵向受拉预应力钢棒与全部纵向预应力钢棒截面面积的比值；当 a_0 大于2/3时，取 α_t 为0。

7.6.8 按式（8）~式（13）、式（15）~式（19）计算的公路桥梁推荐桩型的桩身正截面受弯承载力设计值、斜截面受剪承载力设计值、轴心受拉承载力设计值和轴心受压承载力设计值见附录B。

7.7 持久状况正常使用极限状态计算

管桩应按下列要求进行抗裂验算：

a） 管桩受弯时，应满足A类预应力混凝土构件的要求。

$$\sigma_{st} - \sigma_{pc} \leqslant 0.7 f_{tk} \quad (28)$$

$$\sigma_{lt} - \sigma_{pc} \leqslant 0 \quad (29)$$

式中：

σ_{st} ——在作用频遇组合下构件抗裂验算截面边缘混凝土的法向拉应力（MPa），按《公路钢筋混凝土及预应力混凝土桥涵设计规范》（JTG 3362）相关条文计算；

σ_{lt} ——在作用准永久组合下构件抗裂验算截面边缘混凝土的法向拉应力（MPa），按《公路钢筋混凝土及预应力混凝土桥涵设计规范》（JTG 3362）相关条文计算；

σ_{pc} ——管桩桩身截面混凝土有效预压应力（MPa），按附录A计算；

f_{tk} ——混凝土轴心抗拉强度标准值（MPa），按表5采用。

b） 管桩轴心受拉时，应满足全预应力混凝土构件要求。

$$\sigma_{st} - 0.85\sigma_{pc} \leqslant 0 \quad (30)$$

条文说明

工业与民用建筑类规范在裂缝验算时往往采用作用标准组合进行验算，如国家建筑标准设计图集《预应力混凝土管桩》（10G409）、《混凝土结构设计规范》（GB 50010）等，这与公路桥梁规范的要求存在差异。考虑到公路桥梁桩基础与建筑桩基础相比存在动荷载作用频繁、受汽车冲击力影响、作用环境恶劣等差异，因此本节对荷载频遇组合下的结构内力进行验算。

7.8 沉降及稳定性

7.8.1 当管桩基础桩端平面内桩的中距大于桩径的6倍时，桩基总沉降量可取单桩沉降量。其他情况下，应按《公路桥涵地基与基础设计规范》（JTG 3363）的有关规定计算群桩的沉降量。

7.8.2 当管桩基础受到填土、堆载、开挖等因素影响时，应验算由此引起的不平衡推力的场地稳定性。场地稳定性验算不应考虑管桩的抗滑作用。当影响管桩正常使用时，应提出管桩抗滑措施，保证管桩稳定。

7.8.3 下卧层承载力可按照《公路桥涵地基与基础设计规范》(JTG 3363)验算。当9根桩及以上的多排摩擦桩群桩在桩端平面内桩距小于6倍桩径时，群桩可作为整体基础验算桩端平面处土的承载力。

7.9 耐久性设计

7.9.1 管桩混凝土的耐久性设计指标应符合《公路工程混凝土结构耐久性设计规范》(JTG/T 3310)的规定，且应符合表15的要求。本文件规定管桩制品的混凝土保护层最小厚度为40mm，且应符合《公路工程混凝土结构耐久性设计规范》(JTG/T 3310)中的有模板预制桩基础的规定，当不满足时可适当调整管桩制品的预应力钢棒所在圆直径 D_p 值以满足要求。

表15 管桩混凝土耐久性设计指标要求

桩型	项目					
	混凝土最低强度等级	最大水胶比	抗渗等级	Cl^-含量	碱含量	胶材最小用量
PHC管桩 PRC管桩	C80	0.30	≥P12	≤0.06%	≤3.0kg/m^3	430kg/m^3
注：表中氯离子含量以胶凝材料质量百分数计。						

条文说明

近年来，由于离心成型工艺方法的完善及高强混凝土的发展，管桩在沿海地区的桩基础工程中逐步得到推广使用。而在填海造地的区域，一般地基均存在一定的腐蚀性，为满足耐久性的要求，行业内对管桩的耐久性性能进行了研究，通过调整混凝土配合比、增加保护层厚度、改变接头的连接形式，使得管桩在腐蚀环境下的耐久性有了较大提高。管桩的自身性能对桩的耐久性有重要作用，所以对混凝土的强度等级、水胶比、抗渗等级和钢筋的混凝土保护层厚度均有较高的要求，当桩身耐久性满足表15的规定时，可适应大部分环境，可以不再考虑防腐蚀附加措施。

7.9.2 近海或海洋氯化物环境、除冰盐等其他氯化物环境和盐结晶环境下管桩混凝土及桩身耐久性要求应符合表16的规定。在氯化物环境条件下，可在混凝土内掺入钢筋阻锈剂、矿物掺和料等外加剂；在盐结晶环境条件下，桩身可采用抗硫酸盐硅酸盐水泥混凝土或掺入抗硫酸盐的外加剂、矿物掺合料的普通硅酸盐水泥混凝土制作；采用的外加剂应符合《公路工程混凝土结构耐久性设计规范》(JTG/T 3310)的规定。

表16 氯化物环境和盐结晶环境条件下管桩混凝土及桩身耐久性要求

指标	环境作用等级					
	Ⅲ-D/Ⅳ-D	Ⅲ-E/Ⅳ-E	Ⅲ-F/Ⅳ-F	Ⅴ-D	Ⅴ-E	Ⅴ-F
氯离子扩散系数 D_{RCM}/($10^{-12}m^2/s$)	<8	<5	<4	—	—	—
抗硫酸盐结晶破坏等级	—	—	—	≥KS90	≥KS120	≥KS150

注1：表中规定的氯离子扩散系数 D_{RCM}，混凝土试样龄期为28d。

注2：混凝土抗硫酸盐结晶破坏等级以混凝土抗压强度耐腐蚀系数下降到不低于75%的最大干湿循环次数来确定，并以符号KS来表示。混凝土抗硫酸盐结晶干湿循环次数和氯离子扩散系数检测试验方法按《普通混凝土长期性能和耐久性能试验方法标准》(GB/T 50082)执行。

注3：表中“—”表示可不采用此指标控制。

7.9.3 管桩接头金属部件的防腐蚀措施,应符合下列要求:

a) 应符合《公路工程混凝土结构耐久性设计规范》(JTG/T 3310)的规定;

b) 管桩接头宜避开地下水位变化段、河流冲刷段和腐蚀作用土层;

c) 管桩接头金属部件应预留腐蚀余量,并应符合《公路桥涵地基与基础设计规范》(JTG 3363)关于钢桩耐久性的规定;

d) 管桩连接使用机械连接时,桩间间隙及连接件孔洞应加环氧树脂密封胶或沥青密封。

8 施工

8.1 一般规定

8.1.1 沉桩主要施工方法有锤击法、静压法和植桩法,应根据地质情况、工程特点、场地施工条件以及挤土、施工振动、噪声等对周边环境和安全的影响等确定。当条件允许时宜优先选择锤击法沉桩;施工精度要求较高时可采用引孔辅助措施。

条文说明

采用引孔辅助工艺,可提高管桩定位精度和桩顶精度,减少接桩和截桩。

8.1.2 锤击法和静压法沉桩适用于淤泥、淤泥质土、黏性土、粉土、砂土、碎石土、风化岩等地层。当穿过硬土层或进入硬土层较深时,应通过现场沉桩试验确定其适用性。

8.1.3 下列地质条件宜采用引孔沉桩法、射水沉桩法、振动沉桩法、植入法、中掘法等施工方法成桩:

a) 桩端持力层以上的覆盖层中含有较多且严重影响打桩的孤石、坚硬夹层或其他障碍物;

b) 基岩以上的覆盖层为淤泥等松软土层,其下直接为中风化岩层或微风化岩层;或中风化、微风化岩层面上只有较薄的全风化、强风化岩层。

条文说明

管桩基础采用静力压入法或锤击贯入法沉桩困难时,可考虑射水沉桩法、引孔沉桩法、植入法、中掘法等施工方法,但应通过试沉桩和静荷载试验验证可沉性,并总结承载力计算方法。射水沉桩法适用于密实砂土、碎石土土层,用锤击贯入法或振动沉桩法有困难时,可用射水法配合进行;在黏性土中或重要构造物(建筑物)附近不宜采用射水沉桩法。引孔沉桩法适用于难以穿透的密实砂、硬土夹层,或沉桩过程产生超量挤土效应的施工场地;植入法适用于深厚非软土地区,或沉桩过程产生超量挤土效应的施工场地;中掘法适用于桩端持力层为一般黏性土、粉土层、砂土层、碎石类土层、强风化基岩和软质岩层的地质情况。

8.1.4 管桩施工前应试桩,获取管桩规格、施工工艺、施工设备、沉桩控制标准等参数,并通过单桩轴向抗压静载荷试验确定单桩轴向抗压承载力。宜在地质勘探孔原位试桩,试桩的规格、长度及地质条件应具有代表性。宜根据工艺和设备要求确定试桩数量,并应满足设计要求。

条文说明

施工前进行试桩,主要是解决下列问题:

——工程项目采用管桩基础,地质条件是否具备沉桩施工可操作性;

——确定沉桩的施工工艺、施工设备、控制参数等;

——检验桩端可进入持力层的深度、桩尖结构形式等;

——检验管桩基础的承载力,校核单桩轴向承载力特征值估算公式。

8.1.5 管桩的施工桩长控制应根据地质条件、设计桩长、锤击数、贯入度、压桩力等因素确定。当采用摩擦型桩时,应以高程控制为主,锤击数、贯入度、压桩力控制为辅。当采用端承型桩时,应以锤击数、贯入度控制为主,高程控制为辅。

8.1.6 管桩施工中发现实际地质情况与工程地质勘察报告有较大偏差时,应根据具体情况补充钻探。

8.1.7　管桩施工时，可根据需要对相邻管桩、周边建筑和环境进行监测。

8.1.8　管桩施工时，应保证桩身和连接完整、无损伤。连接和沉桩的施工过程应有完整的施工记录，连接接头应留存影像资料。

8.1.9　开工前，应组织技术人员熟悉设计图纸，领会设计意图，编制专项施工组织设计，并进行技术交底。

8.2　起吊、运输和堆放

8.2.1　管桩吊运应符合下列要求：

a）管桩宜用平板拖车运输，应采取可靠措施确保管桩在运输过程中不受损伤，装卸宜采用起重机械作业；

b）单节长度大于15m时，应采用多点吊的起吊方法。

8.2.2　管桩现场堆放应符合下列要求：

a）管桩现场堆放时应采取支垫措施，支垫材料宜选用长方木或枕木，不应使用有棱角的金属构件；

b）管桩现场叠层堆放及运输过程堆叠时，直径小于1000mm的管桩不宜超过5层，直径大于或等于1000mm的管桩不宜超过4层。

8.2.3　取桩应符合下列要求：

a）叠层堆放的管桩超过2层时，应用起重机械取桩，严禁拖拉取桩；不超过2层时，可采用除三点支撑履带自行式打桩机外的打桩机拖拉取桩，对桩的拖地端应用废轮胎等弹性材料加以保护，同时应避免取桩时管桩受到撞击；

b）滚管式打桩机拖拉取桩时，应用铁钩钩住被拖拉管桩的后端，并把钢丝绳穿过挂在该拖拉管桩前端的导向钩而拖行，不应只捆绑被拖拉管桩的前端进行拖行，拖拉桩的钢丝绳还应通过设在桩架底盘的导向滑轮；

c）拖拉取桩时，应保持打桩机稳定。

8.3　施工机械

8.3.1　桩机类型应根据场地条件和工程特点等选择，宜采用锤击法，对噪声、振动限制较严的路段应采用静压法。

8.3.2　打桩机应有产品合格证书、产品说明书、桩机技术参数以及桩机对施工现场地基承载力要求。

8.3.3　锤击式桩机应符合下列要求：

a）桩机型号应根据场地条件、工程特点、施工前沉桩工艺试验、管桩截面尺寸及强度、承载力特征值、持力层土性及进入深度，按附录C并遵循“桩锤匹配、重锤低击”的原则确定；

b）桩架和底盘必须具有足够的强度、刚度和稳定性，并应与桩锤相匹配；

c）打桩锤宜选用液压锤或柴油锤，不宜采用自由落锤；

d）桩帽及垫层的设置应符合下列要求：

1）桩帽应有符合要求的强度、刚度和耐打性；

2）桩帽套筒应与施打的管桩直径匹配，桩帽下部套桩头用的套筒应做成圆筒形，圆筒形中心应与锤垫中心重合，筒体深度宜取350mm～400mm，内径应比管桩外径大20mm～30mm，严禁使用过渡性钢套，用大桩帽打小直径管桩；

3）打桩时桩帽套筒底面与桩头之间应设置弹性桩垫。桩垫可采用纸板、棕绳、胶合板、钢绞线等材料制作，厚度应均匀一致。压缩后桩垫厚度应为120mm～150mm，且应在打桩期间经常检查，及时更换或补充；

4）桩帽上部直接接触打桩锤的部位应设置锤垫，锤垫应用竖纹硬木、钢丝绳和高分子聚合物等制作,厚度应为 150mm ~ 220mm,打桩前应检查、校正或更换。

e) 送桩器及其衬垫设置应符合下列要求:

1) 送桩器器身宜做成圆筒形,并应有足够的强度、刚度和耐打性,上下两端面应平整,且与送桩器中心轴线相垂直。送桩器长度应满足送桩深度的要求,器身弯曲度不应大于 1/1000;

2) 送桩器下端应设置套筒,套筒深度应为 300mm ~ 350mm,内径应比管桩外径大 20mm ~ 30mm;

3) 不应使用只在送桩器下端面中间设置小圆柱体的插销式送桩器;也不应使用下端面不设任何限位装置的圆柱形送桩器;

4) 送桩作业时,送桩器套筒内应设置硬纸板或废旧夹板等衬垫,衬垫经锤击压实后的厚度不宜小于 60mm。

8.3.4 静压桩机应符合下列要求:

a) 静力压桩设备宜采用液压式压桩机,桩机型号应根据地质条件、桩型和受力情况按附录 D 确定,并应符合下列要求:

1) 压桩机最大压桩力应大于考虑群桩挤密效应的最大压桩动阻力,还应小于压桩机的机架重量和配重之和的 0.8 倍,不应在浮机状态下施工;

2) 采用顶压式压桩机时,桩帽或送桩器与桩之间应加设弹性衬垫;

3) 采用抱压式压桩机时,夹持机构的夹具应避开桩身两侧合缝的位置;

4) 压边桩的能力应满足现场施工作业条件要求。

b) 压桩机资料应具备下列内容:

1) 压桩机型号、不含配重的机架重量、整机额定压桩力等;

2) 压桩机的外型尺寸及拖运尺寸;

3) 压桩机的最小边桩距及压边桩机构的额定压桩力;

4) 长、短船形靴履的接地压力;

5) 夹持机构的形式;

6) 液压油缸的数量、直径,率定后的压力表读数与压桩力的对应关系;

7) 吊桩机构的性能及吊桩能力。

c) 静压施工应配备专用送桩器,严禁采用工程用桩作为送桩器,送桩器应符合下列要求:

1) 送桩器应有足够的强度和刚度,送桩器长度应满足送桩深度要求;

2) 送桩器横截面外周形状应与压桩相一致,下端应设置套筒,套筒深度宜为 300mm ~ 350mm,内径应比管桩外径大 20mm ~ 30mm,送桩器弯曲度不应大于送桩器长度的 1‰;

3) 送桩器上应有尺寸标志;

4) 送桩器下端面应设置排气孔,保证管桩内腔与外界相通。

8.4 施工准备

8.4.1 施工前,应组织技术人员熟悉设计图纸、领会设计意图,编制专项施工方案,并进行安全技术交底。

8.4.2 施工前,应进行下列准备工作:

a) 管桩基础施工图、设计交底及图纸会审纪要;

b) 拟建场地道路及构筑物、地下管线、高空线路等有关的技术资料;

c) 拟建场地的工程地质勘察报告;

d) 调查施工场地及毗邻区域内的地下及地上管线、构筑物及障碍物受沉桩施工影响的情况,并应提出相应的技术安全措施;

e) 调查现场的工程地质、地形、水文、气象等,并提出相应的安全与质量措施;
f) 试桩或首件工程确定的管桩施工工艺、施工设备等资料;
g) 对防汛有影响的工程,汛期施工时应符合防汛有关规定;
h) 处理或清除场地内影响沉桩的高空及地下障碍物;
i) 平整场地,地基土表面处理;
j) 供电、供水、排水、道路、照明、通信等的安全设置;
k) 核查管桩出厂说明书、合格证、质量检验报告等质保资料;
l) 主要施工设备的技术性能资料。

8.4.3 施工场地应符合下列要求:
a) 调查施工场地及毗邻区域内的地下和地上管线、建(构)筑物及障碍物,判断可能影响施工或受施工影响的范围和程度,并采取相应的安全技术措施;
b) 清理施工场地内影响打桩的地下及空中障碍物。

8.4.4 配桩应符合下列要求:
a) 根据设计桩长、地质资料进行配桩,试桩配桩长度应比设计桩长大 3m~4m,应根据试桩结果及时调整配桩长度。未试桩的墩台配桩长度宜大于设计桩长 1m~2m;
b) 最上面一节桩不宜短于 9m,配桩宜保证管桩接头距离承台底面不小于 7m。

8.4.5 测量定位应符合下列要求:
a) 管桩桩位的定位工作宜采用北斗定位、全站仪及钢尺进行;
b) 在不受施工影响的地方应设置基桩轴线的水准基点,并按施工要求标注轴线定位控制点,且标记明显并做好保护;
c) 管桩桩位应在施工图中逐一编号;
d) 管桩桩位经测量定位后,应按设计图复核。

8.5 试桩工艺验证

8.5.1 施工前应利用工程桩进行试桩。试桩数量由设计单位确定,地质条件变化大时应增加试桩数量。

8.5.2 试桩应在控制性勘探孔附近进行。

8.5.3 试桩位置、地质条件、规格、长度等应具代表性,应采用正式施工计划所选用的施工机械类型,施工工艺和参数应与正式施工相同。

8.5.4 试桩可按地质勘察资料预估桩长再加 3m~4m 作为配桩长度,采用正式打桩施工用的打桩锤或相同型号进行施打,并做好施工记录。

8.5.5 焊接前应进行焊接工艺评定试验,焊接工艺评定应符合《钢结构焊接规范》(GB 50661)的有关要求。

8.6 锤击法沉桩

8.6.1 锤击法沉桩施工控制应符合下列要求:
a) 桩锤和桩帽与桩圆周的间隙应为 5mm~10mm;
b) 首节桩打入时,桩位偏差不应大于 20mm。垂直度允许偏差为±0.5%,桩锤、桩帽或送桩器应与桩身在同一中心线上;
c) 宜连续、一次性将桩沉到设计高程,确需停锤时宜减少停锤时间;
d) 沉桩时,桩顶应有排气孔,当管内充满水时应先排水后才能继续施工,管内大量涌土时也应采取相应处理措施;
e) 当管桩沉入地表土后就遇上厚度较大的淤泥层或松软的回填土时,柴油锤应采用不点火空锤

的方式施打,液压锤应采用落距为 200mm ~ 300mm 的方式施打;

f) 管桩施打过程中,宜重锤低击,应保持桩锤、桩帽和桩身的中心线在同一条直线上,并随时检查桩身的垂直度。当桩身垂直度偏差超过 0.8% 时,应找出原因并纠正处理;沉桩后,严禁用移动桩架的方法纠偏。

8.6.2 锤击法沉桩应控制最大锤击压应力和最大锤击拉应力,其应力及限值可参考《建筑桩基技术规范》(JGJ 94)相关规定计算。

8.6.3 锤击法沉桩收锤标准应符合下列要求:

a) 收锤标准应以达到桩端持力层、最后 3 阵(每阵 10 击)贯入度、最后 1m 锤击数和总锤击数等作为收锤控制指标;

b) 最后 3 阵贯入度应逐渐递减,每阵锤击贯入度宜控制在(30mm ~ 60mm)/10 击,不应小于 20mm/10 击。当持力层为较薄的强风化岩层且下卧层为中、微风化岩层时,最后贯入度不应小于 15mm/10 击;

c) 管桩总锤击数不宜超过 2500 击,最后 1m 锤击数不宜超过 300 击。

8.6.4 当桩底已达到设计高程而锤击数、贯入度或压桩力仍不满足控制标准时,需要继续沉桩使其符合沉桩控制标准的要求;但继续沉桩时,需预估桩长并考虑接桩方案、地下水位对桩身连接处的影响。

8.6.5 锤击法沉桩施工记录表应按附录 E 填写。

8.7 静压法沉桩

8.7.1 采用静压法沉桩时,场地地基承载力不应小于压桩机接地压强的 1.2 倍,且场地应平整。当不满足时,应采取措施保证压桩机稳定。

8.7.2 静压法沉桩过程中的最大压桩力值应符合设计要求,可根据沉桩工艺试验值确定,不宜大于桩身结构轴向承载力设计值的 1.5 倍。

8.7.3 选择抱压式或顶压式液压压桩机时,桩身允许抱压压桩力、顶压压桩力可按下式计算:

PHC 桩抱压施工压桩力:

$$R_b \leqslant 1.0 f_{cd} A \qquad (31)$$

PRC 桩抱压施工压桩力:

$$R_b \leqslant 0.95 f_{cd} A \qquad (32)$$

顶压施工压桩力:

$$R_d \leqslant 1.1 R_b \qquad (33)$$

式中:

R_b——桩身允许抱压压桩力(kN);

f_{cd}——桩身混凝土轴心抗压强度设计值(kPa);

A ——管桩截面面积(m^2);

R_d——桩身允许顶压压桩力(kN)。

8.7.4 静压法施工沉桩速度不宜大于 2m/min。

8.7.5 静压法沉桩终压控制标准应符合下列要求:

a) 终压标准应根据设计要求、沉桩工艺试验情况、桩端进入持力层情况及压桩动阻力等因素,结合静载荷试验情况确定;

b) 当压桩力已达到终压力或桩端已到达持力层时应采取稳压措施,稳压次数不宜超过 3 次;

c) 当压桩力小于 3000kN 时,稳压时间不宜超过 10s;当压桩力大于 3000kN 时,稳压时间不宜超过 5s。

8.7.6 静压沉桩施工记录表应按附录 F 填写。

8.8 引孔法沉桩

8.8.1 锤击法和静压法沉桩困难时可采用引孔沉桩,并应符合下列要求:

a) 采用引孔沉桩时应通过试沉桩和静荷载试验验证可沉性;

b) 引孔沉桩适用于难以穿透的密实砂及卵石层、硬塑~坚硬黏土层、强风化基岩、硬土夹层或沉桩过程产生超量挤土效应的施工场地。

8.8.2 引孔沉桩施工工艺应符合下列要求:

a) 引孔直径不宜超过桩直径的 0.9 倍,并应采取防塌孔措施;

b) 引孔宜采用长螺旋钻机,垂直偏差不宜大于 0.5%。引孔作业和沉桩作业应连续进行,间隔时间不宜大于 12h;

c) 采用引孔沉桩法的终压(收锤)标准应符合 8.6.3 和 8.7.5 的规定。

8.9 接桩、截桩与补桩

8.9.1 应避免在桩尖接近密实砂土、碎石、卵石等硬土层时接桩。

8.9.2 管桩采用桩端板圆周坡口槽焊接时,应采用自动焊接工艺,不应采用手工焊接。桩周采用帮焊时,可采用手工焊接。

8.9.3 管桩焊接接桩应符合《钢结构焊接规范》(GB 50661)的规定,且应符合下列要求:

a) 入土部分桩段的桩头宜高出地面 1.0m;

b) 下节桩的桩头处宜设置导向箍或其他导向措施。接桩时,上、下节桩段应保持顺直,错位不超过 2mm;逐节接桩时,节点弯曲矢高不应大于 1/1000 桩长,且不应大于 20mm;

c) 上、下节桩接头端板坡口应洁净、干燥,且焊接处应刷至露出金属光泽;

d) 桩端板圆周坡口槽焊接时,焊接层数不应少于 2 层,内层焊渣应清理干净后方能施焊外层,焊缝应饱满连续;

e) 桩接头焊好后应进行外观检查,检查合格后应经自然冷却,方可继续沉桩。自然冷却时间不应少于 8min,采用气体保护焊时不应少于 3min。严禁浇水冷却,或不冷却即开始沉桩;

f) 桩身接头焊接外露部分应做防锈处理。

8.9.4 当采用机械连接方式接桩时,应符合下列要求:

a) 下节桩段的桩头宜高出地面 0.8m~1.0m;

b) 接桩前应检查上、下节桩端制作的尺寸偏差及连接件;

c) 接桩前应清理上、下节桩的端板和连接孔内残留物;

d) 桩间间隙及连接件孔洞应加环氧树脂密封胶或沥青密封;

e) 当地基土、地下水具有中、强腐蚀性时应按设计要求进行封闭围焊;

f) 机械连接接头固定正确、牢固。

8.9.5 管桩截桩应采用锯桩器,严禁采用大锤横向敲击截桩或强行扳拉截桩。

8.9.6 当发生断桩时,应及时反馈设计单位,合理确定补桩方案。当发生浅层断裂时,可采用接桩法、填芯法等方法进行处理;当发生深层断裂时,可采用填芯法、加桩法或增大断桩邻近管桩直径等方法进行补强。

9 质量检验及验收评定

9.1 一般规定

9.1.1 管桩质量检验及验收应按生产过程、施工准备、施工过程、成桩和工程验收等阶段进行。

9.1.2 管桩的质量检验与评定标准应符合《公路桥涵施工技术规范》(JTG/T 3650)和《公路工程质量

检验评定标准　第一册　土建工程》(JTG F80/1)的规定。

9.2　生产过程质量检验

9.2.1　粗骨料、细骨料、水泥、掺和料、外加剂、拌和水、预应力钢棒、普通钢筋、端板及套箍等原材料，应在进厂时对其进行性能和质量检验。

9.2.2　钢筋骨架实测项目应符合表17的规定。管桩钢筋骨架质量检验报告单应按附录G填写。

表17　钢筋骨架实测项目

项次	检查项目	规定值或允许偏差	检查方法和频率
1	主筋间距	±5mm	尺量:抽查不少于桩节总数的50%,测3个断面
2	箍筋、螺旋筋间距	±5mm	尺量:抽查不少于桩节总数的50%,测10个间距
3	保护层厚度	±5mm	尺量:抽查不少于桩节总数的50%,测5个断面,每个断面4处
4	预应力钢棒数量	满足设计要求	目测:抽查不少于桩节总数的50%
5	预应力钢棒直径	满足设计要求	尺量:抽查不少于桩节总数的50%,每个骨架测2处
6	螺旋钢筋数量	满足设计要求	目测:抽查不少于桩节总数的50%,每个骨架测2处
7	螺旋钢筋直径	满足设计要求	尺量:抽查不少于桩节总数的50%,每个骨架测2处
8	普通钢筋数量	满足设计要求	目测:抽查不少于桩节总数的50%,每个骨架测2处
9	普通钢筋直径	满足设计要求	尺量:抽查不少于桩节总数的50%,每个骨架测2处
10	加密区长度	满足设计要求	尺量:抽查不少于桩节总数的50%,每个骨架测2处

9.2.3　预应力钢棒张拉应符合下列要求:

a)　锚固后预应力钢棒应采用机械切割,外露长度应满足设计要求;

b)　预应力钢棒放张时,管桩混凝土抗压强度不应低于45MPa;

c)　预应力钢棒张拉实测项目应符合表18的规定。

表18　预应力钢棒张拉实测项目

<table>
<tr><th>项次</th><th colspan="2">检查项目</th><th>规定值或允许偏差</th><th>检查方法和频率</th></tr>
<tr><td>1</td><td colspan="2">预应力钢棒张拉后在横断面上的坐标</td><td>±5mm</td><td>尺量:每工作班抽查预应力混凝土管桩总数的50%且不应少于3根,每根受检桩预应力钢棒检查2根</td></tr>
<tr><td rowspan="2">2</td><td rowspan="2">同一桩身预应力钢棒长度 L 相对差</td><td>L>20m</td><td>≤L/5000及5mm</td><td rowspan="2">尺量:每工作班抽查预应力混凝土管桩总数的50%且不应少于3根,每根受检桩预应力钢棒检查2根</td></tr>
<tr><td>6m≤L≤20m</td><td>≤L/3000及5mm</td></tr>
<tr><td>3</td><td colspan="2">张拉应力值</td><td>满足设计要求,
设计未要求时±5%</td><td>每工作班抽查预应力混凝土管桩总数的50%且不应少于3根,受检桩的预应力钢棒全部检查</td></tr>
<tr><td>4</td><td colspan="2">张拉伸长率</td><td>满足设计要求,
设计未要求时±6%</td><td>每工作班抽查预应力混凝土管桩总数的50%且不应少于3根,受检桩的预应力钢棒全部检查</td></tr>
</table>

9.2.4　混凝土实测项目应符合表19的规定。

表 19　混凝土实测项目

项次	检查项目	规定值或允许偏差	检查方法和频率
1	混凝土浇筑入模时坍落度	满足设计要求	GB/T 50080:每 100 盘相同配合比混凝土取样不应少于 1 次,每一个工作班相同配合比混凝土不足 100 盘时应按 100 盘计
2	混凝土抗压强度	在合格标准内	GB/T 50081:每 100 盘相同配合比混凝土取样不应少于 1 次,每一个工作班相同配合比混凝土达不到 100 盘时应按 100 盘计,每次随机抽样制作 9 组试件,每组 3 个试件,按管桩同等条件进行养护;3 组试件检验预应力钢棒放张时混凝土抗压强度,3 组试件检验出釜后 1d 的混凝土抗压强度,另 3 组备用或出厂检验
3	氯离子扩散系数	满足设计要求	GB/T 50082:同一配合比、同一环境作用等级至少检测 1 次

9.3　施工准备质量检验

9.3.1　每根管桩外表面应标明制造厂商名称或产品注册商标、管桩标记、制造日期、管桩编号、合格标识,厂家应提供管桩出厂检验报告、产品合格证、产品说明书。以不多于 2000 根同规格、型号的管桩为一个检验批,管桩进场时应对管桩外观质量逐根检查。

9.3.2　管桩的外观质量和尺寸偏差应分别根据表 20 和表 21 进行检查。同一检验批中,检测结果出现一根管桩不符合质量要求时,应加倍检查,若再发现有不合格者,该检验批的管桩不应使用。管桩成品质量检验报告单应按附录 H 填写。

表 20　管桩成品外观质量要求

项次	检查项目		外观质量要求	检查方法和频率
1	粘皮和麻面		局部粘皮和麻面累计面积不应大于桩总外表面积的 0.5%;每处粘皮和麻面的深度不应大于 5mm,且应修补	尺量:全检
2	桩身合缝漏浆		漏浆深度不应大于 5mm,每处漏浆长度不应大于 300mm,累计长度不应大于管桩长度的 10%,或对称漏浆的搭接长度不应大于 100mm,且应修补	尺量:全检
3	局部磕损		局部磕损深度不应大于 5mm,每处面积不应大于 5000mm^2,且应修补	尺量:全检
4	内外表面露筋		不允许	目测:全检
5	表面裂缝		不应出现环向或纵向裂缝,但龟裂、水纹和内壁浮浆层中的收缩裂缝不在此限	尺量:全检
6	桩端面平整度		管桩端面混凝土和预应力钢筋镦头不应高出端板平面	尺量:全检
7	断筋、脱头		不允许	目测:全检
8	桩套箍凹陷		凹陷深度不应大于 10mm	尺量:全检
9	内表面混凝土塌落		不允许	目测:全检
10	接头、桩套箍与桩身结合面	漏浆	漏浆深度不应大于 5mm,漏浆长度不应大于周长的 1/6,且应修补	尺量:全检
		空洞和蜂窝	不允许	目测:全检

表 21 管桩成品实测项目

<table>
<tr><th>项次</th><th colspan="2">检查项目</th><th>规定值或允许偏差</th><th>检查方法和频率</th></tr>
<tr><td>1</td><td colspan="2">混凝土抗压强度</td><td>在合格标准内</td><td>按 9.3.4 执行</td></tr>
<tr><td>2</td><td colspan="2">长度 L</td><td>±0.5%L</td><td>尺量,精确至 1mm,不少于管桩桩节总数的 2%</td></tr>
<tr><td>3</td><td colspan="2">端部倾斜</td><td>≤0.5%d</td><td>尺量,测量最大间隙处,精确至 1mm,不少于管桩桩节总数的 2%</td></tr>
<tr><td rowspan="2">4</td><td rowspan="2">外径</td><td>≤700mm</td><td>−2mm ~ +5mm</td><td rowspan="2">尺量同一断面相互垂直的两直径,取平均值,精确至 1mm,不少于管桩桩节总数的 2%</td></tr>
<tr><td>>700mm</td><td>−4mm ~ +7mm</td></tr>
<tr><td>5</td><td colspan="2">壁厚</td><td>0mm ~ +20mm</td><td>尺量,在同一断面相互垂直的两直径处测定 4 处壁厚,取平均值,精确至 1mm,不少于管桩桩节总数的 2%</td></tr>
<tr><td>6</td><td colspan="2">钢筋保护层厚度</td><td>0mm ~ +5mm</td><td>用游标卡尺在管桩同一断面相互垂直的两直径处测定 4 处,精确至 0.1mm,不少于管桩桩节总数的 2%</td></tr>
<tr><td rowspan="2">7</td><td rowspan="2">桩身弯曲度</td><td>L≤15m</td><td>≤L/1000</td><td rowspan="2">拉线尺量弯曲处最大距离,精确至 1mm,不少于管桩桩节总数的 2%</td></tr>
<tr><td>15m<L≤30m</td><td>≤L/2000</td></tr>
<tr><td rowspan="4">8</td><td rowspan="4">端板</td><td>端面平面度</td><td>≤0.5</td><td>将钢尺立起横放在端板上,慢慢旋转 360°,用塞尺测量最大间隙,精确至 0.1mm,不少于管桩桩节总数的 2%</td></tr>
<tr><td>外径</td><td>−1mm ~ 0mm</td><td>尺量相互垂直的两直径,取平均值,精确至 1mm,不少于管桩桩节总数的 2%</td></tr>
<tr><td>内径</td><td>−2mm ~ 0mm</td><td rowspan="2">用游标卡尺在相互垂直的两直径处测定 4 处端板厚度,取平均值,精确至 0.5mm,不少于管桩桩节总数的 2%</td></tr>
<tr><td>厚度</td><td>0 ~ 正偏差不限</td></tr>
<tr><td colspan="5">注 1:d 为外径。
注 2:L 为桩长。</td></tr>
</table>

9.3.3 管桩抗弯和抗剪性能检查应符合下列要求:

a) 管桩抗弯和抗剪性能检验应分别按照附录 I 和附录 J 规定的方法进行试验,抗裂弯矩、极限弯矩和抗裂剪力可参考附录 A 计算;

b) 当试验加载至抗裂弯矩时,桩身不应出现裂缝。当加载至极限弯矩时,管桩不应出现下列任何一种情况:受拉区混凝土裂缝宽度达到 1.5mm、受拉钢筋被拉断、受压区混凝土破坏。当试验加载至抗裂剪力时,桩身不应出现裂缝;

c) 应以同规格的管桩连续生产 20000m 或在连续两个月内生产总数不足 20000m 时为一批,随机抽取 2 根进行抗弯性能检查。对重要工程,试验桩数可根据需要确定。若检测结果全部符合规定,则判抗弯性能合格;若有 1 根不合格,应从同批产品中抽取加倍数量进行复验,复验结果若仍有 1 根不合格,则判抗弯性能不合格;若检测结果全部不符合规定,则判抗弯性能为不合格。

9.3.4 桩身混凝土抗压强度应符合下列要求:

a) 每检验批应检查不少于 2 根管桩;

b) 检测方法应采用钻芯法或全截面抗压试验。当对钻芯法的检测结果评价有争议时,可采用全截面抗压试验进行评价；

c) 钻芯法检测及结果评价应符合《钻芯检测离心高强混凝土抗压强度试验方法》(GB/T 19496)的规定，全截面抗压试验应符合《预应力混凝土管桩技术标准》(JGJ/T 406)的规定。

条文说明

管桩混凝土强度是影响工程质量安全的主要因素，也是管桩质量纠纷中的主要矛盾。因此，本文件对管桩桩身混凝土强度做出了更明确、更严格的规定：一是要求对每检验批管桩都应进行检测；二是明确可选择两种检测方法，包括钻芯法、全截面抗压试验；三是针对钻芯法在实际检测中影响因素（包括人为因素）很多，如取样、样品处理等都会影响评价结果，当对钻芯法的检测评价结果有争议时，可采用管桩全截面抗压试验进行评价。

9.3.5 应抽取不少于管桩桩节总数 2%的端板进行端板尺寸检查。端板厚度和电焊坡口尺寸检测结果应符合《先张法预应力混凝土管桩用端板》(JC/T 947)的规定。端板厚度或电焊坡口尺寸不合格的管桩不应使用，并应对同一批端板逐个检查。

9.3.6 应抽取不少于桩尖总数 2%的桩尖检查其尺寸、重量，检测结果应符合设计要求，单个桩尖重量不应低于理论重量的 90%；不合格者不应使用，并应对同一批桩尖逐个检查。

9.3.7 机械接头应抽取不少于管桩桩节总数 2%且不少于 2 个的机械接头检查零部件的数量、尺寸和质量。连接部件的材质、部件数量及尺寸不符合要求时，该检验批的管桩不应使用。

9.3.8 每检验批管桩应抽取不少于 2 根检查其预应力钢棒数量和直径、螺旋筋直径和间距、螺旋筋加密区长度以及钢筋混凝土保护层厚度。同一检验批中有不合格的管桩时，该检验批的管桩不应使用。

9.4 施工过程质量检验

9.4.1 桩身垂直度应符合下列要求：

a) 沉桩时应确保桩锤、桩帽或送桩器与桩身在同一轴线上，第一节管桩插入地面下 0.5m~1.0m 时的垂直度偏差不应超过 0.5%。桩位偏差不应大于 20mm；

b) 沉桩过程中，应经常观测桩身的垂直度，桩身垂直度偏差不应超过 0.8%。当桩尖进入较硬土层后，严禁用移动桩架等强行回扳的方法纠偏。

条文说明

第一节底桩垂直度控制的好坏对整根桩的垂直度至关重要，因此对底桩垂直度控制要严格一些，不应大于 0.5%。

9.4.2 桩拼接质量应符合下列要求：

a) 管桩拼装应在拼接胎架上进行。相邻管节对接时，相邻管节两端面间隙不应大于 2mm；

b) 拼接前应清除接口处铁锈、水分、油污等杂质，端板表面应保持清洁；

c) 焊接拼接应检查焊条质量和直径、焊接时间、焊完后停歇时间。焊缝不应有裂纹、夹渣、咬边、焊瘤、弧坑和针状气孔等缺陷；

d) 机械接头拼接应检查接头零部件数量、尺寸及质量，检查全部连接销的方位，检查接头连接后的质量。

9.4.3 桩拼接焊接的焊缝质量等级不应低于二级，抽查接头数量不宜少于 1%，且不应少于 3 个，焊接质量应符合《钢结构工程施工质量验收标准》(GB 50205)和《钢结构焊接规范》(GB 50661)的规定。

9.4.4 施工过程中应观察桩身裂缝情况，出现裂缝应停止施工，应采用孔内摄像法进行检测，分析原因并进行处理。可同时检查管桩的实际深度与打入桩的记录长度是否一致。对桩底或内壁进泥、进水、断桩、烂桩尖等现象应做记录。

条文说明

采用孔内摄像方法可直观反映桩身缺损和裂缝情况，可实测桩长，方便实用。

9.4.5 终止施工条件检查应满足下列要求：

a) 锤击法沉桩应根据收锤标准检查桩的入土深度、总锤击数和最后 1m 锤击数、最后三阵锤的每一阵贯入度；

b) 静压法沉桩应根据终压控制标准进行检查；

c) 植入法或中掘法沉桩应按施工控制标准进行检查。

9.4.6 锤击法沉桩过程中出现贯入度突变时，应按《公路工程基桩检测技术规程》（JTG/T 3512）的规定对未出现贯入度突变的基桩进行对比检测或监测，查明贯入度突变的原因。

9.4.7 施工记录的检查应符合下列要求：

a) 配置自动记录仪对所记录的数据进行逻辑分析判断；

b) 对于人工记录，应检查工作班专人记录情况，施工记录内容应齐全、真实、准确；

c) 每个环节、工序完成后，施工记录应经监理人员签名确认，并作为施工记录保存。

9.4.8 施工过程周围环境监测应符合下列要求：

a) 根据施工组织方案检查桩的施工顺序；

b) 施工振动或挤土时，应对保护对象的变形和裂缝进行监测；

c) 对挤土效应明显或大面积群桩的工程，应抽取不少于总桩数的 20% 且不少于 10 根监测施工桩的上浮量及桩顶偏位值。

9.4.9 应检查管桩顶口及送桩遗留孔洞的封盖情况。

条文说明

及时封盖管口，保证施工现场安全，也可避免杂物落入管桩内腔。

9.5 成桩质量检验

9.5.1 管桩成桩后，应对桩顶完整状况进行检查，并按表 22 的要求判定完整性等级。出现桩顶轻度损伤或中度损伤时，应会同有关单位分析原因并采取适当措施，避免后续施工出现此类情况；出现桩顶严重损伤时，应由设计单位提出处理意见。

表 22 桩顶完整性等级

项次	等级	桩顶完整性状况	检查方法和频率
1	基本完好	端板牢固，桩端表面混凝土有轻微脱落现象	目测：全检
2	轻度损伤	端板牢固，桩端表面混凝土脱落明显	目测：全检
3	中度损伤	端板松动，或桩顶混凝土局部破损	目测：全检
4	严重损伤	桩顶混凝土严重破损，主筋发生弯曲变形	目测：全检

条文说明

选用合格的管桩产品，按规范进行施工，本不应该发生桩顶破损。但在目前工程实践中，管桩桩顶破损的情况时有发生，为便于施工质量控制，提出本条规定。

9.5.2 管桩成桩后，应采用孔内摄像法按《地基基础孔内成像检测标准》（T/CECS 253）的规定检查管桩桩身完整性。孔内摄像法检查桩身完整性评定应符合表 23 和表 24 的规定。

表 23 桩身完整性分类表

桩身完整性类别	分类原则
Ⅰ类桩	桩身完整或桩身轻微缺陷，不会影响桩身结构承载力和耐久性的正常发挥
Ⅱ类桩	桩身轻微缺陷，桩身结构承载力正常发挥，耐久性受到部分影响
Ⅲ类桩	桩身明显缺陷，对桩身结构承载力有部分影响
Ⅳ类桩	桩身严重缺陷

表 24　桩身完整性判定

类别	照片或视频图像特征
Ⅰ	一、检测深度范围内无缺陷或存在下列情况之一，缺陷不影响桩身承载力： 1.桩身内壁浮浆出现龟裂； 2.桩身局部闭合性横向开裂； 3.桩身局部破损且未出现露筋情况。 二、采用孔内摄像法检测，桩身存在以下缺陷，经低应变反射波法检测为Ⅰ类桩： 1.桩身存在横向张开性裂缝，裂缝无渗水、流挂现象； 2.接头加密区破损露筋且未露主筋，露筋范围小于管桩内壁周长的 1/2； 3.中桩、底桩桩身存在横向张开性裂缝，裂缝存在少量渗水、流挂现象，对桩身承载力影响不大； 4.存在其他轻微缺陷，基本不影响桩身承载力和耐久性
Ⅱ	存在下列情况之一，缺陷对桩身耐久性有影响： 1.接头加密区破损露筋且未露主筋，露筋范围大于管桩内壁周长的 1/2； 2.管桩顶桩位置存在横向张开性裂缝，裂缝存在渗水、流挂现象，对桩身承载力和耐久性影响不大； 3.其他经低应变反射波法检测为Ⅱ类桩
Ⅲ	存在下列情况之一，桩身有明显缺陷，缺陷对桩身承载力有影响，低应变反射波法检测为Ⅲ类桩： 1.接头加密区破损露筋，主筋仅轻微弯曲变形，对承载力有明显影响； 2.桩身混凝土剥落露出大面积钢筋，桩身无错位，开口型裂缝贯穿至外壁； 3.桩身存在横向张开性裂缝，裂缝存在严重渗水、流挂现象，对桩身承载力有影响
Ⅳ	存在下列情况之一，已经严重影响桩身承载能力： 1.桩身混凝土存在主筋断裂或全截面破碎露筋； 2.桩身接桩处存在明显错位，错位距离大于管桩壁厚的 1/3； 3.桩身出现竖向或倾斜开裂，裂缝长度大于 2m； 4.存在其他严重缺陷，已经严重影响桩身承载能力

9.5.3　管桩成桩后，应检查桩顶平面位置、桩身垂直度、桩顶高程、桩身完整性和单桩承载力，应满足表 25 的要求，管桩成桩质量检验评定表应按附录 K 填写。

表 25　管桩成桩质量检查

项次	检查项目			规定值或允许偏差	检查方法和频率
1	桩位	群桩	中间桩	≤d/2 且≤250mm	全站仪：抽查 20%桩，测桩中心坐标
			外缘桩	≤d/4 且≤150mm	
		排架桩	顺桥方向	≤40mm	
			垂直桥轴方向	≤50mm	
2△	桩尖高程			≤设计值	水准仪测桩顶面高程后反算：每桩测量
3△	贯入度			≤设计值	与控制贯入度比较：每桩测量
4	倾斜度		直桩	≤1%	铅锤法：每桩测量
			斜桩	≤15%tanθ	
5	桩顶高程			±10mm	全站仪：每桩测量

表 25　管桩成桩质量检查(续)

项次	检查项目	规定值或允许偏差	检查方法和频率
6	桩身完整性	满足设计要求	孔内摄像法:每桩测量。 低应变反射波法:不应少于总桩数的20%,且每个墩台不应少于1根。 高应变法:不应少于总桩数的10%,且不应少于10根
7	单桩承载力	满足设计要求	静载试验:不应少于总桩数的1%,且不应少于3根。 高应变法:不应少于总桩数的10%,且不应少于10根

注1:d 为外径,以 mm 计。

注2:θ 为斜桩轴线与垂线间的夹角。

注3:当贯入度满足设计要求但桩尖高程未达到设计高程,应按施工技术规范的规定进行检验,得到设计单位认可时,桩尖高程为合格。

注:△表示必检项。

9.5.4　桩顶完整性判定为中度损伤时,桩身完整性检测数量应符合9.5.3规定的抽检数量,并应增加不少于中度损伤总桩数30%且不少于1根的中度损伤管桩进行抽检。当采用低应变反射波法抽检时,可截除破损桩头后,按照截桩后的桩长进行检测。

9.6　工程验收

9.6.1　管桩桩顶平面位置、桩身垂直度、桩顶高程的验收程序应满足下列要求:

a)　当桩顶高程与施工现场高程基本一致时,可待全部管桩沉桩完毕后一次性验收;

b)　当需要送桩时,在送桩前应检查桩身垂直度,合格后方可送桩;

c)　全部管桩施工完毕,并开挖到设计高程后,方可进行验收。

9.6.2　管桩基础工程验收时应具备下列资料:

a)　桩基设计文件、施工图纸会审记录和设计变更等资料;

b)　工程基线复核签证单等桩位测量放线图;

c)　工程地质和水文地质勘察报告;

d)　经批准的施工组织设计或施工方案;

e)　管桩出厂合格证、产品说明书;

f)　沉桩施工记录汇总,包括桩位编号图;

g)　工地用桩检查资料,包括管桩的规格、型号、尺寸偏差和外观质量,桩端头板和桩尖的尺寸与材质抽查,预应力钢棒的数量和直径,钢筋混凝土保护层厚度,螺旋筋的直径和间距,螺旋筋加密区的长度,预应力钢棒和螺旋筋抽查,接头焊缝验收记录等汇总资料;

h)　成桩质量检查报告(桩顶高程、桩顶平面位置、垂直度偏差检测结果、桩身完整性检测报告等);

i)　单桩承载力检测报告;

j)　监测资料;

k)　发生质量事故时的处理记录;

l)　施工技术措施记录。

9.6.3　工程验收应符合《公路工程质量检验评定标准　第一册　土建工程》(JTG F80/1)的规定,并按本文件附录K完成质量检验评定。

附 录 A
（规范性）
管桩桩身截面混凝土有效预压应力、抗裂弯矩、极限弯矩和抗裂剪力计算

A.1 桩身截面混凝土有效预压应力值计算

桩身截面混凝土有效预压应力值可按下式计算：

$$\sigma_{pt}=\frac{\sigma_{con}}{1+n'\frac{A_p}{A_c}} \qquad \cdots\cdots(A.1)$$

$$\sigma_{con}=0.7f_{pk} \qquad \cdots\cdots(A.2)$$

$$\Delta\sigma_{p\psi}=\frac{n\psi\sigma_{cpt}+E_s\delta_s}{1+n\frac{\sigma_{cpt}}{\sigma_{pt}}\left(1+\frac{\psi}{2}\right)} \qquad \cdots\cdots(A.3)$$

$$\sigma_{cpt}=\frac{\sigma_{pt}A_p}{A_c} \qquad \cdots\cdots(A.4)$$

$$\Delta\sigma_r=\gamma_0(\sigma_{pt}-2\Delta\sigma_{p\psi}) \qquad \cdots\cdots(A.5)$$

$$\sigma_{pe}=\sigma_{pt}-\Delta\sigma_{p\psi}-\Delta\sigma_r \qquad \cdots\cdots(A.6)$$

$$\sigma_{pc}=\frac{\sigma_{pe}A_p}{A_c} \qquad \cdots\cdots(A.7)$$

式中：

σ_{pc} ——管桩桩身截面混凝土有效预压应力（MPa）；

σ_{pe} ——预应力钢棒的有效拉应力（MPa）；

$\Delta\sigma_{p\psi}$ ——混凝土的徐变及混凝土的收缩引起的预应力钢棒拉应力损失（MPa）；

σ_{pt} ——预应力放张后预应力钢棒的拉应力（MPa）：

σ_{cpt} ——放张后混凝土的预压应力（MPa）；

$\Delta\sigma_r$ ——预应力钢棒松弛引起的应力（MPa）；

$\Delta\sigma_{con}$ ——预应力钢棒的初始张拉应力（MPa）；

f_{pk} ——预应力钢棒的抗拉强度标准值（MPa）；

A_p ——预应力钢棒的横截面面积（mm^2）；

A_c ——管桩混凝土的横截面面积（mm^2）；

ψ ——混凝土的徐变系数，取 2.0；

δ_s ——混凝土的收缩率，取 1.5×10^{-4}；

E_s ——预应力钢棒的弹性模量（MPa）；

γ_0 ——预应力钢棒的松弛系数，取 2.5%。

A.2 管桩抗弯性能试验桩身抗裂弯矩计算

桩身抗裂弯矩可按下式计算：

$$M_{cr}=(\sigma_{pc}+\gamma f_{tk})W_0 \qquad \cdots\cdots(A.8)$$

$$W_0=\frac{2I_0}{d} \qquad \cdots\cdots(A.9)$$

$$I_0=\frac{\pi}{4}(r^4-r_1^4)+(\alpha_E-1)A_p\frac{r_p^2}{2} \quad \cdots\cdots(A.10)$$

式中：

M_{cr}——管桩桩身开裂弯矩计算值(kN·m)；

γ ——考虑离心工艺影响及截面抵抗矩塑性影响的综合系数,对 C80 混凝土取 $\gamma=1.9$。

A.3 管桩抗弯性能试验桩身极限弯矩计算

桩身极限弯矩可按本文件 7.6.2 计算,但式(8)、式(9)、式(11)、式(12)中的 f_{cd}、f_{pd}应分别以 f_{ck}、f_{pk}代替。

A.4 管桩抗剪性能试验桩身抗裂剪力计算

桩身抗裂剪力可按下式计算：

$$V_{cr}=\frac{0.7tI}{S_0}\sqrt{(\sigma_{pc}+2f_{td})^2-\sigma_{pc}^2} \quad \cdots\cdots(A.11)$$

式中：

V_{cr}——管桩桩身开裂剪力计算值(kN·m)。

t ——管桩壁厚(mm)；

I ——管桩截面相对中心轴的惯性矩(mm)；

S_0 ——中心轴以上截面对中心轴的面积矩(mm^3)；

f_{td} ——管桩混凝土的轴心抗拉强度设计值(MPa)。

附　录　B
（规范性）
公路桥梁管桩桩身配筋及力学性能

B.1　管桩桩身配筋及相关参数

公路桥梁 PHC 管桩、PRC 管桩推荐桩型桩身配筋及相关参数可分别按表 B.1、表 B.2 选用。

表 B.1　PHC 管桩桩身配筋及相关参数表

型号规格	单节长度 L/m	理论质量/（kg/m）	预应力钢棒数量与直径/mm	螺旋筋直径/mm	预应力钢棒所在圆直径 D_p/mm	预应力钢棒面积 A_{py}/mm²	管桩桩身横截面面积 A/mm²	截桩后桩端预应力传递长度 L_{tr}/mm	混凝土有效预压应力 σ_{pc}/MPa
GLQ-PHC-500(130)-Ⅰ-C80	7~16	393	12ϕ10.7	5	395	1080	151111	404	6.04
GLQ-PHC-500(130)-Ⅱ-C80	7~16		12ϕ12.6	5		1500		456	8.06
GLQ-PHC-500(130)-Ⅲ-C80	7~16		16ϕ12.6	6		2000		433	10.25
GLQ-PHC-600(130)-Ⅰ-C80	7~16	499	16ϕ10.7	5	495	1440	191951	402	6.31
GLQ-PHC-600(130)-Ⅱ-C80	7~16		16ϕ12.6	5		2000		452	8.40
GLQ-PHC-600(130)-Ⅲ-C80	7~16		20ϕ12.6	6		2500		435	10.12
GLQ-PHC-700(140)-Ⅰ-C80	7~16	640	20ϕ10.7	6	590	1800	246301	403	6.16
GLQ-PHC-700(140)-Ⅱ-C80	7~16		20ϕ12.6	6		2500		454	8.21
GLQ-PHC-700(140)-Ⅲ-C80	7~16		26ϕ12.6	8		3250		434	10.22
GLQ-PHC-800(140)-Ⅰ-C80	7~30	755	24ϕ10.7	6	690	2160	290283	402	6.26
GLQ-PHC-800(140)-Ⅱ-C80	7~30		24ϕ12.6	6		3000		453	8.34
GLQ-PHC-800(140)-Ⅲ-C80	7~30		30ϕ12.6	8		3750		436	10.05
GLQ-PHC-1000(140)-Ⅰ-C80	7~30	983	30ϕ10.7	6	880	2700	378248	404	6.03
GLQ-PHC-1000(140)-Ⅱ-C80	7~30		30ϕ12.6	6		3750		456	8.05
GLQ-PHC-1000(140)-Ⅲ-C80	7~30		40ϕ12.6	8		5000		434	10.24
GLQ-PHC-1200(160)-Ⅰ-C80	7~30	1359	30ϕ12.6	8	1060	3750	522761	476	6.06
GLQ-PHC-1200(160)-Ⅱ-C80	7~30		42ϕ12.6	8		5250		455	8.14
GLQ-PHC-1200(160)-Ⅲ-C80	7~30		45ϕ14.0	10		6930		481	10.26

表 B.2 PRC 管桩桩身配筋及相关参数表

型号规格	单节长度 L/m	理论质量/(kg/m)	预应力钢棒数量与直径/mm	纵向普通钢筋数量与直径/mm	螺旋筋直径/mm	预应力钢棒所在圆直径/mm	预应力钢棒面积 A_{py}/mm²	纵向普通钢筋面积 A_S/mm²	截桩后桩端预应力传递长度 L_{tr}/mm	混凝土有效预压应力 σ_{pc}/MPa
GLQ-PRC-500(130)-Ⅰ-C80	7~16		12ϕ10.7	12ϕ12	5		1080	1357	566	6.09
GLQ-PRC-500(130)-Ⅱ-C80	7~16	393	12ϕ12.6	12ϕ12	5	395	1500	1357	638	8.12
GLQ-PRC-500(130)-Ⅲ-C80	7~16		15ϕ12.6	15ϕ12	6		1875	1696	614	9.81
GLQ-PRC-600(130)-Ⅰ-C80	7~16		16ϕ10.7	16ϕ12	5		1440	1810	562	6.36
GLQ-PRC-600(130)-Ⅱ-C80	7~16	499	16ϕ12.6	16ϕ12	5	495	2000	1810	633	8.47
GLQ-PRC-600(130)-Ⅲ-C80	7~16		19ϕ12.6	19ϕ12	6		2375	2149	614	9.79
GLQ-PRC-700(140)-Ⅰ-C80	7~16		20ϕ10.7	20ϕ12	6		1800	2262	564	6.21
GLQ-PRC-700(140)-Ⅱ-C80	7~16	640	20ϕ12.6	20ϕ12	6	590	2500	2262	635	8.28
GLQ-PRC-700(140)-Ⅲ-C80	7~16		20ϕ14.0	20ϕ12	8		3080	2262	681	9.86
GLQ-PRC-800(140)-Ⅰ-C80	7~30		24ϕ10.7	24ϕ12	6		2160	2714	563	6.31
GLQ-PRC-800(140)-Ⅱ-C80	7~30	755	24ϕ12.6	24ϕ12	6	690	3000	2714	634	8.41
GLQ-PRC-800(140)-Ⅲ-C80	7~30		24ϕ14.0	24ϕ12	8		3696	2714	679	10.01
GLQ-PRC-1000(140)-Ⅰ-C80	7~30		30ϕ10.7	30ϕ12	6		2700	3393	566	6.08
GLQ-PRC-1000(140)-Ⅱ-C80	7~30	983	30ϕ12.6	30ϕ12	6	880	3750	3393	638	8.11
GLQ-PRC-1000(140)-Ⅲ-C80	7~30		32ϕ14.0	32ϕ12	8		4928	3619	675	10.20
GLQ-PRC-1200(160)-Ⅰ-C80	7~30		30ϕ12.6	30ϕ12	8		3750	3393	666	6.09
GLQ-PRC-1200(160)-Ⅱ-C80	7~30	1359	40ϕ12.6	40ϕ12	8	1060	5000	4524	641	7.86
GLQ-PRC-1200(160)-Ⅲ-C80	7~30		40ϕ14.0	40ϕ12	10		6160	4524	689	9.38

B.2 管桩桩身力学性能

公路桥梁 PHC 管桩、PRC 管桩推荐桩型桩身受弯承载力设计值、桩身轴心受拉承载力设计值、桩身轴心受压承载力设计值和桩身斜受剪承载力设计值应分别按表 B.3、表 B.4 取值。

表 B.3 PHC 管桩桩身力学性能

规格型号	抗弯性能	抗拉性能	抗压性能	抗剪性能
	桩身受弯承载力设计值/(kN·m)	桩身轴心受拉承载力设计值/kN	桩身轴心受压承载力设计值/kN	桩身斜受剪承载力设计值/kN
GLQ-PHC-500(130)-Ⅰ-C80	177	881	3660	308
GLQ-PHC-500(130)-Ⅱ-C80	234	1224	3660	336
GLQ-PHC-500(130)-Ⅲ-C80	293	1632	3660	394
GLQ-PHC-600(130)-Ⅰ-C80	297	1175	4649	383
GLQ-PHC-600(130)-Ⅱ-C80	392	1632	4649	418
GLQ-PHC-600(130)-Ⅲ-C80	466	2040	4649	481
GLQ-PHC-700(140)-Ⅰ-C80	445	1469	5965	518
GLQ-PHC-700(140)-Ⅱ-C80	587	2040	5965	562
GLQ-PHC-700(140)-Ⅲ-C80	720	2652	5965	710
GLQ-PHC-800(140)-Ⅰ-C80	627	1763	7031	603
GLQ-PHC-800(140)-Ⅱ-C80	827	2448	7031	655
GLQ-PHC-800(140)-Ⅲ-C80	983	3060	7031	818
GLQ-PHC-1000(140)-Ⅰ-C80	1023	2203	9161	763
GLQ-PHC-1000(140)-Ⅱ-C80	1352	3060	9161	829
GLQ-PHC-1000(140)-Ⅲ-C80	1690	4080	9161	1048
GLQ-PHC-1200(160)-Ⅰ-C80	1717	3060	12661	1205
GLQ-PHC-1200(160)-Ⅱ-C80	2283	4284	12661	1298
GLQ-PHC-1200(160)-Ⅲ-C80	2828	5655	12661	1623

表 B.4 PRC 管桩桩身力学性能

规格型号	抗弯性能	抗拉性能	抗压性能	抗剪性能
	桩身受弯承载力设计值/(kN·m)	桩身轴心受拉承载力设计值/kN	桩身轴心受压承载力设计值/kN	桩身斜受剪承载力设计值/kN
GLQ-PRC-500(130)-Ⅰ-C80	256	881	3660	309
GLQ-PRC-500(130)-Ⅱ-C80	312	1224	3660	337
GLQ-PRC-500(130)-Ⅲ-C80	371	1530	3660	388
GLQ-PRC-600(130)-Ⅰ-C80	429	1175	4649	384
GLQ-PRC-600(130)-Ⅱ-C80	521	1632	4649	419
GLQ-PRC-600(130)-Ⅲ-C80	595	1938	4649	476
GLQ-PRC-700(140)-Ⅰ-C80	641	1469	5965	519
GLQ-PRC-700(140)-Ⅱ-C80	780	2040	5965	563

表 B.4 PRC 管桩桩身力学性能(续)

规格型号	抗弯性能	抗拉性能	抗压性能	抗剪性能
	桩身受弯承载力设计值/(kN·m)	桩身轴心受拉承载力设计值/kN	桩身轴心受压承载力设计值/kN	桩身斜受剪承载力设计值/kN
GLQ-PRC-700(140)-Ⅲ-C80	881	2513	5965	703
GLQ-PRC-800(140)-Ⅰ-C80	903	1763	7031	605
GLQ-PRC-800(140)-Ⅱ-C80	1096	2448	7031	657
GLQ-PRC-800(140)-Ⅲ-C80	1238	3016	7031	817
GLQ-PRC-1000(140)-Ⅰ-C80	1471	2203	9161	765
GLQ-PRC-1000(140)-Ⅱ-C80	1790	3060	9161	831
GLQ-PRC-1000(140)-Ⅲ-C80	2124	4021	9161	1047
GLQ-PRC-1200(160)-Ⅰ-C80	2278	3060	12661	1206
GLQ-PRC-1200(160)-Ⅱ-C80	2903	4080	12661	1286
GLQ-PRC-1200(160)-Ⅲ-C80	3289	5027	12661	1589

附 录 C
(规范性)
锤击法沉桩施工锤重参考表

C.1 柴油锤技术参数

柴油锤技术参数可按表 C.1 取值。

表 C.1 柴油锤技术参数表

柴油锤型号	72	80	100	120
冲击体质量/t	7.2	8.0	10.0	12.0
锤体总质量/t	18.4	17.4~20.5	20.0	20.0
常用冲程/m	1.8~2.5	2.0~3.4	2.0~3.4	2.0~3.4
液压锤规格/t	9~13	11~13	13~15	13~15
适用管桩规格/mm	ϕ500、ϕ600	ϕ600	>ϕ600	>ϕ600
单桩轴向承载力特征值适用范围/kN	1800~3000	2000~3500	>3700	>3700
桩尖可进入的岩土层	强风化岩（N>50）	强风化岩（N>50）	强风化岩（N>50）	强风化岩（N>50）
常用收锤贯入度/(mm/10 击)	30~60	30~60	70~120	70~120

注 1:本表仅供选锤用,选择时宜重锤低击。
注 2:本表适用于桩长 16m~60m,且桩端进入硬土层有一定深度。
注 3:本表中的柴油锤施工时,与邻近建(构)筑物的最小距离宜为 1.5m。
注 4:N 代表所在岩土层的标贯值。

C.2 液压锤技术参数

采用液压锤击法沉桩时,当无试验资料时,液压锤技术参数可按表 C.2~表 C.4 取值。

表 C.2 HHP14 液压锤沉桩单桩轴向承载力特征值适用范围参数表 单位为千牛

贯入度/mm	提锤高度/mm		
	200~400	500~700	800~1000
70~100	475~1050	1200~1900	1850~2700
40~60	550~1250	1400~2200	2200~3150
20~30	650~1450	1650~2550	2500~3650

注 1:收锤时,施打外径 400mm~500mm 的管桩,提锤高度不宜大于 600mm。
注 2:收锤时,施打外径 600mm 的管桩,提锤高度不宜大于 700mm。

表 C.3　HHP16 液压锤沉桩单桩轴向承载力特征值适用范围参数表　单位为千牛

贯入度/mm	提锤高度/mm		
	200~400	500~700	800~1000
70~100	550~1200	1400~2150	2200~3100
40~60	600~1400	1600~2500	2550~3550
20~30	750~1650	2300~2900	3050~4100

注 1:收锤时,施打外径 500mm 的管桩,提锤高度不宜大于 600mm。

注 2:收锤时,施打外径 600mm、700mm 的管桩,提锤高度不宜大于 700mm。

表 C.4　HHP20 液压锤沉桩单桩轴向承载力特征值适用范围参数表　单位为千牛

贯入度/mm	提锤高度/mm		
	200~400	500~700	800~1000
70~100	700~1500	1750~2700	2800~3900
40~60	800~1800	2000~3150	3250~4500
20~30	900~2050	2850~3650	3850~5000

注 1:收锤时,施打外径 600mm 的管桩,提锤高度不宜大于 600mm。

注 2:收锤时,施打外径 700mm、800mm 的管桩,提锤高度不宜大于 700mm。

注 3:收锤时,施打外径 1000mm、1200mm 的管桩,提锤高度不宜大于 900mm。

附　录　D
(规范性)
静压桩机及适用范围参数表

D.1　静压桩机技术参数

静压桩机技术参数应按表D.1取值。

表D.1　静压桩机技术参数表

压桩机型号(吨位)		500~600	800~1000	1200~1400
最大压桩力/kN		5000~6000	8000~10000	12000~14000
行程/m	纵向(一次)	3	3	3
	横向(一次)	0.5	0.55	0.55
最大回转角/°		18	20	20

D.2　静压桩机适用范围

静压桩机适用范围应符合表D.2。

表D.2　静压桩机适用范围参数表

压桩机型号(吨位)		500~600	800~1000	1200~1400
适用管桩	最小桩径/mm	500	500	600
	最大桩径/mm	600	800	800
单桩轴向承载力特征值适用范围/kN		1800~2800	2800~3600	4000~4800
桩端持力层		密实砂层、坚硬黏土层、全风化岩层、强风化岩层	密实砂层、坚硬黏土层、全风化岩层、强风化岩层	密实砂层、坚硬黏土层、全风化岩层、强风化岩层
桩端持力层标贯值 N		30~55	35~60	30~65
穿透中密~密实砂层厚度/m		3~5	4~6	4~6

注1:压桩机应根据工程地质条件、估算的最大压桩阻力、单桩轴向承载力、入土深度及桩身强度并结合地区经验等因素综合考虑后选用。

注2:最大压桩力为理论最大压桩力,压桩时压桩机提供的最大压桩力约为其机架重量和配重之和的0.8倍。

注3:本表中静压桩机施工边桩、角桩及正常桩时,与邻近建(构)筑物的最小距离宜为2m~5m。

附　录　E
（规范性）
锤击沉桩施工记录表

图 E.1 规定了锤击沉桩施工记录表的格式。

施检表××　　　　　　　　　　　　　　　　　　　　　　　　　　第　页　共　页

<table>
<tr><td>项目名称</td><td colspan="2"></td><td colspan="2">施工单位</td><td colspan="9"></td><td colspan="3">监理单位</td><td colspan="5"></td><td colspan="2">合同段</td><td></td></tr>
<tr><td>管桩生产厂</td><td colspan="3"></td><td colspan="3">管桩外径/mm</td><td colspan="3"></td><td colspan="4">管桩壁厚/mm</td><td colspan="5"></td><td colspan="2">桩型</td><td></td><td colspan="2">公路等级</td><td></td></tr>
<tr><td>工程部位
（桩号、墩号）</td><td colspan="2"></td><td colspan="4">单桩承载力设计值/kN</td><td colspan="3"></td><td colspan="3">接头形式</td><td colspan="2"></td><td colspan="3">桩尖形式</td><td colspan="2"></td><td colspan="2">桩机型号</td><td></td><td>桩锤类型</td><td></td></tr>
<tr><td rowspan="2">桩节顺序
（从底至顶）</td><td rowspan="2">节长及
桩身号/m</td><td rowspan="2">锤规格
及落距</td><td colspan="3">锤击起止时间</td><td colspan="12">每米沉桩锤击数</td><td colspan="4"></td><td rowspan="2">累计
总数</td><td rowspan="2">电焊焊接
时间/min</td><td rowspan="2">焊缝外
观质量</td></tr>
<tr><td>日</td><td>时</td><td>分</td><td>1</td><td>2</td><td>3</td><td>4</td><td>5</td><td>6</td><td>7</td><td>8</td><td>9</td><td>10</td><td>11</td><td>12</td><td>13</td><td>14</td><td>15</td><td>16</td></tr>
<tr><td rowspan="2">第一节</td><td rowspan="2"></td><td rowspan="2"></td><td></td><td></td><td></td><td rowspan="2"></td><td rowspan="2"></td><td rowspan="2"></td><td rowspan="2"></td><td rowspan="2"></td><td rowspan="2"></td><td rowspan="2"></td><td rowspan="2"></td><td rowspan="2"></td><td rowspan="2"></td><td rowspan="2"></td><td rowspan="2"></td><td rowspan="2"></td><td rowspan="2"></td><td rowspan="2"></td><td rowspan="2"></td><td rowspan="2"></td><td rowspan="2"></td><td rowspan="2"></td></tr>
<tr><td></td><td></td><td></td></tr>
<tr><td rowspan="2">第二节</td><td rowspan="2"></td><td rowspan="2"></td><td></td><td></td><td></td><td rowspan="2"></td><td rowspan="2"></td><td rowspan="2"></td><td rowspan="2"></td><td rowspan="2"></td><td rowspan="2"></td><td rowspan="2"></td><td rowspan="2"></td><td rowspan="2"></td><td rowspan="2"></td><td rowspan="2"></td><td rowspan="2"></td><td rowspan="2"></td><td rowspan="2"></td><td rowspan="2"></td><td rowspan="2"></td><td rowspan="2"></td><td rowspan="2"></td><td rowspan="2"></td></tr>
<tr><td></td><td></td><td></td></tr>
<tr><td rowspan="2">第三节</td><td rowspan="2"></td><td rowspan="2"></td><td></td><td></td><td></td><td rowspan="2"></td><td rowspan="2"></td><td rowspan="2"></td><td rowspan="2"></td><td rowspan="2"></td><td rowspan="2"></td><td rowspan="2"></td><td rowspan="2"></td><td rowspan="2"></td><td rowspan="2"></td><td rowspan="2"></td><td rowspan="2"></td><td rowspan="2"></td><td rowspan="2"></td><td rowspan="2"></td><td rowspan="2"></td><td rowspan="2"></td><td rowspan="2"></td><td rowspan="2"></td></tr>
<tr><td></td><td></td><td></td></tr>
<tr><td rowspan="2">第四节</td><td rowspan="2"></td><td rowspan="2"></td><td></td><td></td><td></td><td rowspan="2"></td><td rowspan="2"></td><td rowspan="2"></td><td rowspan="2"></td><td rowspan="2"></td><td rowspan="2"></td><td rowspan="2"></td><td rowspan="2"></td><td rowspan="2"></td><td rowspan="2"></td><td rowspan="2"></td><td rowspan="2"></td><td rowspan="2"></td><td rowspan="2"></td><td rowspan="2"></td><td rowspan="2"></td><td rowspan="2"></td><td rowspan="2">总锤击数</td><td rowspan="2"></td></tr>
<tr><td></td><td></td><td></td></tr>
<tr><td colspan="25">收锤及验收记录</td></tr>
<tr><td>收锤时间</td><td colspan="3">月　日　时　分</td><td colspan="2">锤规格和落距</td><td colspan="2"></td><td colspan="5">最后贯入度</td><td colspan="5">mm/10 击</td><td colspan="4">mm/10 击</td><td colspan="3">mm/10 击</td></tr>
<tr><td>配桩长度</td><td>m</td><td>送桩深度</td><td colspan="2">m</td><td colspan="2">桩入土深度</td><td colspan="2">m</td><td colspan="5">桩高出自然地面</td><td colspan="5">m</td><td colspan="4">桩顶状况</td><td colspan="2"></td></tr>
<tr><td colspan="2">孔内摄像法桩身完整性判定结果</td><td colspan="6"></td><td colspan="5">用开口桩时，管内进土高度</td><td colspan="5">m</td><td colspan="4">天气</td><td colspan="3"></td></tr>
<tr><td>自检意见</td><td colspan="4"></td><td colspan="3">监理意见</td><td colspan="9"></td><td colspan="3">草图</td><td colspan="5"></td></tr>
<tr><td>检测</td><td></td><td colspan="2">复核</td><td colspan="2"></td><td colspan="3">技术主办</td><td colspan="3"></td><td colspan="3">项目主管</td><td colspan="3"></td><td colspan="3">监理工程师</td><td colspan="2"></td><td>检测日期</td><td></td></tr>
</table>

图 E.1　锤击沉桩施工记录表格式

附　录　F
（规范性）
静力压桩施工记录表

图 F.1 规定了静力压桩施工记录表的格式。

施检表××　　　　第　页　共　页

<table>
<tr><td colspan="2">项目名称</td><td colspan="3"></td><td colspan="3">施工单位</td><td colspan="8"></td><td colspan="3">监理单位</td><td colspan="6"></td><td>合同段</td><td></td></tr>
<tr><td colspan="2">管桩生产厂</td><td colspan="5"></td><td colspan="3">管桩外径/mm</td><td colspan="3"></td><td colspan="3">管桩壁厚/mm</td><td colspan="6"></td><td colspan="2">桩型</td><td></td><td>公路等级</td><td></td></tr>
<tr><td colspan="2">工程部位
（桩号、墩号）</td><td colspan="4"></td><td colspan="4">单桩承载力设计值/kN</td><td colspan="2"></td><td colspan="2">接头形式</td><td colspan="2"></td><td colspan="2">桩尖形式</td><td colspan="2"></td><td colspan="3">桩机型号</td><td colspan="2"></td><td>压力表
换算值</td><td></td></tr>
<tr><td rowspan="3">日期/
（月/日）</td><td rowspan="3">序号</td><td rowspan="3">起止时间/
（时:分）</td><td colspan="4">下桩</td><td colspan="4">中桩</td><td colspan="4">中桩</td><td colspan="4">上桩</td><td colspan="2">送桩</td><td rowspan="3">终压力
值/MPa</td><td rowspan="3">终压
次数</td><td rowspan="3">桩入土
总深度/
m</td><td rowspan="3">电焊焊接
时间/min</td><td rowspan="3">焊缝外
观质量</td><td rowspan="3">备注</td></tr>
<tr><td rowspan="2">长度/
m</td><td colspan="3">油压值/MPa</td><td rowspan="2">长度/
m</td><td colspan="3">油压值/MPa</td><td rowspan="2">长度/
m</td><td colspan="3">油压值/MPa</td><td rowspan="2">长度/
m</td><td colspan="3">油压值/MPa</td><td rowspan="2">深度/
m</td><td rowspan="2">油压
值/
MPa</td></tr>
<tr><td>桩下端</td><td>桩中间</td><td>桩上端</td><td>桩下端</td><td>桩中间</td><td>桩上端</td><td>桩下端</td><td>桩中间</td><td>桩上端</td><td>桩下端</td><td>桩中间</td><td>桩上端</td></tr>
<tr><td></td><td></td><td></td><td></td><td></td><td></td><td></td><td></td><td></td><td></td><td></td><td></td><td></td><td></td><td></td><td></td><td></td><td></td><td></td><td></td><td></td><td></td><td></td><td></td><td></td><td></td><td></td></tr>
<tr><td></td><td></td><td></td><td></td><td></td><td></td><td></td><td></td><td></td><td></td><td></td><td></td><td></td><td></td><td></td><td></td><td></td><td></td><td></td><td></td><td></td><td></td><td></td><td></td><td></td><td></td><td></td></tr>
<tr><td></td><td></td><td></td><td></td><td></td><td></td><td></td><td></td><td></td><td></td><td></td><td></td><td></td><td></td><td></td><td></td><td></td><td></td><td></td><td></td><td></td><td></td><td></td><td></td><td></td><td></td><td></td></tr>
<tr><td></td><td></td><td></td><td></td><td></td><td></td><td></td><td></td><td></td><td></td><td></td><td></td><td></td><td></td><td></td><td></td><td></td><td></td><td></td><td></td><td></td><td></td><td></td><td></td><td></td><td></td><td></td></tr>
<tr><td></td><td></td><td></td><td></td><td></td><td></td><td></td><td></td><td></td><td></td><td></td><td></td><td></td><td></td><td></td><td></td><td></td><td></td><td></td><td></td><td></td><td></td><td></td><td></td><td></td><td></td><td></td></tr>
<tr><td></td><td></td><td></td><td></td><td></td><td></td><td></td><td></td><td></td><td></td><td></td><td></td><td></td><td></td><td></td><td></td><td></td><td></td><td></td><td></td><td></td><td></td><td></td><td></td><td></td><td></td><td></td></tr>
<tr><td></td><td></td><td></td><td></td><td></td><td></td><td></td><td></td><td></td><td></td><td></td><td></td><td></td><td></td><td></td><td></td><td></td><td></td><td></td><td></td><td></td><td></td><td></td><td></td><td></td><td></td><td></td></tr>
<tr><td colspan="2">自检意见</td><td colspan="4"></td><td colspan="3">监理意见</td><td colspan="8"></td><td colspan="3">草图</td><td colspan="7"></td></tr>
<tr><td>检测</td><td colspan="2"></td><td colspan="2">复核</td><td colspan="3"></td><td colspan="2">技术主办</td><td colspan="4"></td><td colspan="2">项目主管</td><td colspan="4"></td><td colspan="2">监理工程师</td><td colspan="2"></td><td>检测日期</td><td colspan="2"></td></tr>
</table>

图 F.1　静力压桩施工记录表的格式

附　录　G
（规范性）
管桩钢筋骨架质量检验报告单

图 G.1 规定了管桩钢筋骨架质量检验报告单的格式。

施检表××　　　　编号　　　　第　页　共　页

项目名称		施工单位		监理单位			
生产厂家		产品批次		合同段		公路等级	

项次	检测项目	单位	规定值或允许偏差	检查方法和频率	检测值										平均值
1	主筋间距														
2	箍筋、螺旋筋间距														
3	保护层厚度														
4	预应力钢棒数量														
5	预应力钢棒直径														
6	纵向普通钢筋数量														
7	纵向普通钢筋直径														
8	螺旋钢筋数量														
9	螺旋钢筋直径														
10	加密区长度														
11	端部锚固钢筋直径														
12	端部锚固钢筋数量														
13	端部锚固钢筋长度														
外观质量	（钢筋表面应无裂皮、油污、颗粒状或片状锈蚀及焊渣、烧伤，绑扎或焊接的钢筋骨架不得松脱和开焊）														

检测：　　　　复核：　　　　监理工程师：　　　　日期：

图 G.1　管桩钢筋骨架质量检验报告单格式

附 录 H
（规范性）
管桩成品质量检验报告单

图 H.1 规定了管桩成品质量检验报告单的格式。

分项工程名称：　　　　工程部位：　　　　所属建设项目（合同段）：

所属分部工程：　　　　所属单位工程：　　　　施工单位：　　　　分项工程编号：

<table>
<tr><td colspan="2">基本要求</td><td colspan="16"></td></tr>
<tr><td rowspan="14">实测
项目</td><td rowspan="2">项次</td><td colspan="2" rowspan="2">检测项目</td><td rowspan="2">规定值
或允许偏差</td><td colspan="10" rowspan="2">实测值或实测偏差值</td><td colspan="3">质量评定</td></tr>
<tr><td>平均值、代表值</td><td>合格率/%</td><td>合格判定</td></tr>
<tr><td>1</td><td colspan="2">混凝土抗压强度</td><td></td><td></td><td></td><td></td><td></td><td></td><td></td><td></td><td></td><td></td><td></td><td></td><td></td><td></td></tr>
<tr><td>2</td><td colspan="2">长度</td><td></td><td></td><td></td><td></td><td></td><td></td><td></td><td></td><td></td><td></td><td></td><td></td><td></td><td></td></tr>
<tr><td>3</td><td colspan="2">端部倾斜</td><td></td><td></td><td></td><td></td><td></td><td></td><td></td><td></td><td></td><td></td><td></td><td></td><td></td><td></td></tr>
<tr><td>4</td><td colspan="2">外径</td><td></td><td></td><td></td><td></td><td></td><td></td><td></td><td></td><td></td><td></td><td></td><td></td><td></td><td></td></tr>
<tr><td>5</td><td colspan="2">壁厚</td><td></td><td></td><td></td><td></td><td></td><td></td><td></td><td></td><td></td><td></td><td></td><td></td><td></td><td></td></tr>
<tr><td>6</td><td colspan="2">钢筋保护层厚度</td><td></td><td></td><td></td><td></td><td></td><td></td><td></td><td></td><td></td><td></td><td></td><td></td><td></td><td></td></tr>
<tr><td>7</td><td colspan="2">桩身弯曲度</td><td></td><td></td><td></td><td></td><td></td><td></td><td></td><td></td><td></td><td></td><td></td><td></td><td></td><td></td></tr>
<tr><td>8</td><td rowspan="4">端板</td><td>端面平面度</td><td></td><td></td><td></td><td></td><td></td><td></td><td></td><td></td><td></td><td></td><td></td><td></td><td></td><td></td></tr>
<tr><td>9</td><td>外径</td><td></td><td></td><td></td><td></td><td></td><td></td><td></td><td></td><td></td><td></td><td></td><td></td><td></td><td></td></tr>
<tr><td>10</td><td>内径</td><td></td><td></td><td></td><td></td><td></td><td></td><td></td><td></td><td></td><td></td><td></td><td></td><td></td><td></td></tr>
<tr><td>11</td><td>厚度</td><td></td><td></td><td></td><td></td><td></td><td></td><td></td><td></td><td></td><td></td><td></td><td></td><td></td><td></td></tr>
<tr><td></td><td colspan="2"></td><td></td><td></td><td></td><td></td><td></td><td></td><td></td><td></td><td></td><td></td><td></td><td></td><td></td><td></td></tr>
<tr><td colspan="4">外观质量</td><td colspan="10"></td><td colspan="2">质量保证资料</td><td colspan="2"></td></tr>
<tr><td colspan="4">工程质量等级评定</td><td colspan="14"></td></tr>
</table>

检验负责人：　　　　检测：　　　　记录：　　　　复核：　　　　日期：

图 H.1　管桩成品质量检验报告单格式

附 录 I
(规范性)
管桩抗弯性能试验方法

I.1 管桩抗弯试验加载装置

管桩的抗弯试验采用简支梁对称加载装置,管桩水平放置,如图 I.1 所示。其中,P 的方向可垂直于地面,也可平行于地面。

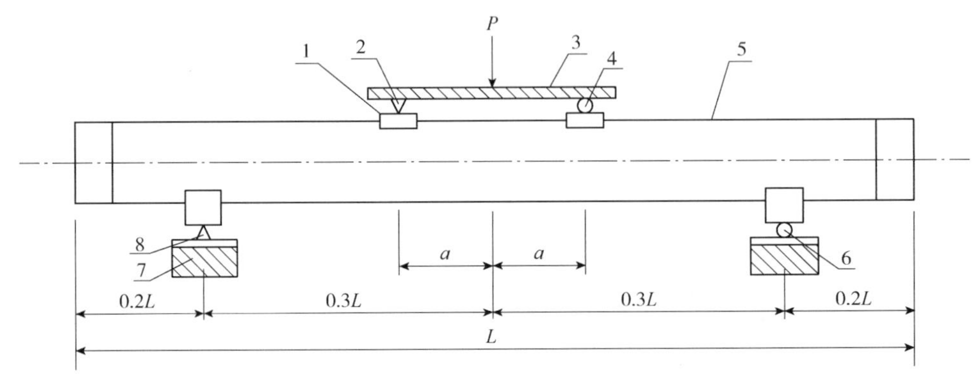

标引序号说明:

1——U 形垫板;
2——分配梁固定铰支座;
3——分配梁;
4——分配梁滚动铰支座;
5——管桩;
6——滚动铰支座;
7——支墩;
8——固定铰支座;
L——试验用管桩长度。

注:管桩与加载装置接触部位应加垫木质垫板或橡胶板,避免加载时试样受损。图中下支座、U 形垫板的宽度宜采用 25cm,允许偏差为±10mm。加载设备在使用的测量范围内示值误差不大于±1.0%。

图 I.1 管桩抗弯试验示意

I.2 抗弯试验用管桩长度

抗弯试验用的管桩,单节桩长不应超过表 B.1 中相应外径规定的长度上限值,也不应小于表 I.1 中规定的抗弯试验用管桩的最短单节桩长。

表 I.1 抗弯试验用管桩的最短单节桩长

外径 d/mm	500	600	700	800	1000	1200
最短单节桩长/m	7	8	9	10	12	14

I.3 管桩节段拼装部位抗弯试验

管桩节段拼装部位的抗弯试验方法与 I.1 相同,且两根管桩拼装后长度不应超过表 B.1 中相应外径规定的长度上限值,也不应小于表 I.1 中规定的抗弯试验用管桩的最短单节桩长,拼装部位应位于最大弯矩处。

I.4 加载程序

第一步:按抗裂弯矩的 20%的级差由零加载至抗裂弯矩的 80%,每级荷载的持续时间为 3min;然后按抗裂弯矩的 10%的级差继续加载至抗裂弯矩的 100%,每级荷载的持续时间为 3min,观察是否有裂缝出现,测定并记录裂缝宽度。

第二步:如果在抗裂弯矩的100%时未出现裂缝,则按抗裂弯矩的5%的级差继续加载至裂缝出现。每级荷载的持续时间为3min,测定并记录裂缝宽度。试验完成后卸载。

第三步:按照极限弯矩的10%的级差加载至极限弯矩的60%,每级静停3min,观测并记录各项读数;然后按照极限弯矩的5%的级差加载至出现极限状态的检验标志之一为止,每级荷载的持续时间为3min,观测并记录各项读数。

I.5 弯矩计算公式

I.5.1 垂直向下加载

垂直向下加载时,实测弯矩按式(I.1)计算。

$$M=\frac{P}{4}\left(\frac{3}{5}L-2a\right)+\frac{1}{40}WL \quad \cdots\cdots(I.1)$$

式中:

M——抗弯弯矩(kN·m);

W——管桩理论重量(kN);

L——试验管桩长度(m);

P——荷载(kN),垂直加载时,应考虑加载设备的重量;

a——1/2的加荷跨距(m);单节桩长小于或等于15m时,$a=0.5$m;单节桩长大于15m时,$a=d$,d为管桩外径。

I.5.2 垂直向上加载

垂直向上加载时,实测弯矩按式(I.2)计算。

$$M=\frac{P}{4}\left(\frac{3}{5}L-2a\right)-\frac{1}{40}WL \quad \cdots\cdots(I.2)$$

I.5.3 水平加载

水平加载时,实测弯矩按式(I.3)计算。

$$M=\frac{P}{4}\left(\frac{3}{5}L-2a\right) \quad \cdots\cdots(I.3)$$

I.6 抗裂荷载和极限荷载的确定

I.6.1 当首条裂缝出现在加载过程中时,应取前一级荷载值作为抗裂荷载实测值;当首条裂缝出现在规定的荷载持续时间内时,应取本级荷载值与前一级荷载值的平均值作为抗裂荷载实测值;当首条裂缝出现在规定的荷载持续时间结束后时,应取本级荷载值作为抗裂荷载实测值。

I.6.2 当在规定的荷载持续时间结束后出现9.3.3b)所列的情况之一时,应取此时的荷载值作为极限荷载实测值;当在加载过程中出现上述情况之一时,应取前一级荷载值作为极限荷载实测值;当在规定的荷载持续时间内出现上述情况之一时,应取本级荷载值与前一级荷载的平均值作为极限荷载实测值。

附　录　J
（规范性）
管桩抗剪性能试验方法

J.1　管桩抗剪试验加载装置

管桩的抗剪试验采用图J.1所示对称加载装置，管桩水平放置，其中 P_c 的方向可垂直于地面，也可平行于地面。剪跨 b 取1.0倍的管桩外径，试件悬出长度 l 取（1.25～2.0）倍的管桩外径。

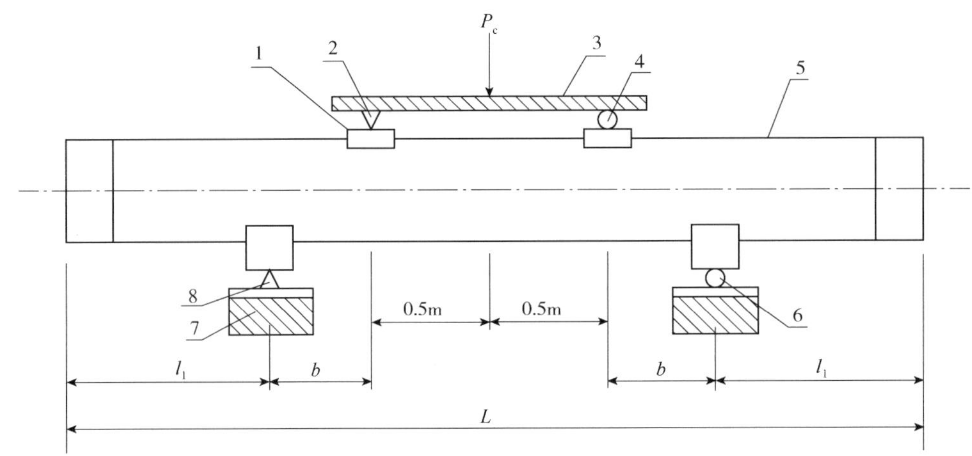

标引序号说明：

1——U形垫板；
2——分配梁固定铰支座；
3——分配梁；
4——分配梁滚动铰支座；
5——管桩；
6——滚动铰支座；
7——支墩；
8——固定铰支座；
l_1——管桩悬出长度；
b——剪跨；
L——试验用管桩长度。

注：管桩与加载装置接触部位应加垫木质垫板或橡胶板，避免加载时试样受损。图中下支座、U形垫板的宽度宜采用25cm，允许偏差为±10mm。加载设备在使用的测量范围内示值误差不大于±1.0%。

图J.1　管桩抗剪试验示意

J.2　加载程序

第一步：按抗裂剪力的20%的级差由零加载至抗裂剪力的80%，每级荷载的持续时间为3min；然后按抗裂剪力的10%的级差继续加载至抗裂剪力的100%，每级荷载的持续时间为3min，观察是否有裂缝出现，测定并记录裂缝宽度。

第二步：如果在抗裂剪力的100%时未出现裂缝，则按抗裂剪力的5%的级差继续加载至裂缝出现。每级荷载的持续时间为3min，测定并记录裂缝宽度。

J.3　抗裂剪力计算公式

实测抗裂剪力按式（J.1）计算。

$$Q=\frac{P_c}{2} \qquad \text{(J.1)}$$

式中：

Q ——抗裂剪力（kN）；

P_c——剪跨内产生斜拉裂纹时的荷载(kN)。

J.4 抗裂荷载的确定

当首条裂缝出现在加载过程中时,应取前一级荷载值作为抗裂荷载实测值;当首条裂缝出现在规定的荷载持续时间内时,应取本级荷载值与前一级荷载值的平均值作为抗裂荷载实测值;当首条裂缝出现在规定的荷载持续时间结束后时,应取本级荷载值作为抗裂荷载实测值。

附　录　K
（规范性）
管桩成桩质量检验评定表

图 K.1 规定了管桩成桩质量检验评定表的格式。

分项工程名称：　　　　　　　　工程部位：　　　　　　　　所属建设项目（合同段）：

所属分部工程：　　　　所属单位工程：　　　　施工单位：　　　　分项工程编号：

基本要求	管桩规格、质量应满足国家现行有关标准、本文件及设计要求。															
	项次	检测项目	规定值或允许偏差	实测值或实测偏差值										质量评定		
														平均值、代表值	合格率/%	合格判定
实测项目	1	桩位														
	2	桩尖高程														
	3	贯入度														
	4	倾斜度														
	5	桩顶高程														
	6	桩身完整性														
	7	单桩承载力														
外观质量											质量保证资料					
工程质量等级评定																

检验负责人：　　　　检测：　　　　记录：　　　　复核：　　　　日期：

图 K.1　管桩成桩质量检验评定表格式